불확실한 세상,

당신 삶에 나침반이 되어줄

최선의 철학을 응원합니다!

2024년 가을. 천 석천

# 최선의 철학

# 최선의 철학

고대 철학가
12인에게 배우는
인생 기술

권석천 지음

창비

* 일러두기

이 책에서는 번역본에 따라 도시명과 지명을 고대 그리스어 기준으로 한다. 아테네를 아테나이로, 스파르타를 스파르테로, 시칠리아를 시켈리아로, 트로이를 트로이아로, 리디아를 뤼디아 등으로 표기한다.

# 프롤로그
## 자기 삶에 최선을 다하는 사람들의 철학

'멈춤 버튼 증후군'을 아시나요?

아마 처음 들어보셨을 겁니다. 제가 붙여본 이름인데요, '불안이나 불확실성을 회피하기 위해 중요한 순간에 잠시 멈추고 싶은 심리적 상태'를 가리킵니다.

언젠가부터 저는 OTT 영상을 보다가 주인공이 텅 빈 집에 혼자 들어서거나, 그를 겨냥한 음모가 진행되거나, 무언가 튀어나와 덮치려 할 때면 저도 모르게 멈춤 버튼을 누르게 됩니다. 조마조마한 긴장감과 곧 닥칠 불행을 유예하고 싶은 마음에 그다음 장면으로 도저히 넘어가지 않습니다. 이런 일이 반복되면서 결국 OTT 구독을 해지하고 말았습니다. 솔직히 말씀드리면… 도망쳤습니다.

그제야 깨달았습니다. 내가 현실에서 맞닥뜨리는 수많은 불확실성과 위험에 대한 불안을 영상에 투영하고 있다는 것을. 내 마음속 깊은 곳에 모든 리스크를 완벽하게 없애버리고 싶은 욕구가 도사리고 있다는 것을.

문득 이런 생각이 듭니다. 그렇다면 우리 삶에서도 이 '멈춤 버튼 증후군'이 작동하고 있지 않을까? 힘든 순간이 다가올 때마다, 불확실한 상황에 놓일 때마다 멈춤 버튼을 누르고 싶은 충동을 느끼지는 않는가? 꺼내기 어려운 대화를 시작하기 전 메시지 창을 열었다 닫기를 반복하고, 이상과 현실 사이에서 결정을 내리지 못해 계속 머뭇거리고, 외면하고 싶은 과거의 상처가 떠올라 다른 생각으로 도피하려고 하지 않는가?

하지만 삶은 넷플릭스가 아닙니다. 멈춤 버튼을 누르려 해도 끊임없이 앞을 향해 나아갑니다. 되감기나 건너뛰기로 상황을 바꾸거나 생략할 수도 없습니다. 삶 자체에 내재된 예측 불가능성을 완전히 피할 수는 없습니다.

### 삶의 나침반을 잃어버린 당신에게

'멈춤 버튼 증후군' 증상이 나타난 것은 긴 기자 생활을 접고 인생의 새로운 국면으로 들어섰을 때부터입니다. 다시금 '나는 누구인가', '어떻게 살아야 하는가'라는 근본적인 질문 앞에 서야 했습니다. "출근하고 퇴근하다 보니 30년이 지났더라…." 한 선배의 고백처럼 정신없이 시간이 흘렀는데, 분명한 것만 같았던 삶의 목표는 오히려 흐릿해지는 느낌이었습니다.

당신도 지금 삶의 방향을 잃고 헤매고 있지 않나요?

막막했던 저의 마음을 풀어준 것은 우연히 만난 그리스 로마의 고전들이었습니다. 고전 속 철학가들에게서 인생의 기술을 새롭게 배우고 익힐 수 있었습니다. 일상을 살아가는 감각을 조금씩 되찾을 수 있었습니다. 세월이 아무리 흘러도 철학가들이 던진 질문들은 여전히 유효하기 때문입니다.

- 무엇을 위해, 어떻게 살아야 하는가?
- 세상에 나아가기 위해 무엇을 알아야 하는가?
- 사람들과 어떻게 관계를 맺을 것인가?
- 나의 꿈을 현실로 만드는 방법은 무엇인가?
- 실패와 시련에 어떻게 대응할 것인가?

저는 철학자가 아닙니다. 그리스 로마 고전을 연구한 전공자도 아닙니다. 그저 책 읽기를 좋아하는 한 사람일 뿐입니다. 그래서 저의 고전 읽기는 조금 엉뚱할 수도 있습니다. 소포클레스의 비극을 읽고 신념을 위한 용기를, 아리스토파네스의 희극을 읽고 비판적 상상력을 말하고 있으니까요. 플라톤의 대화편 「메논」에서 실패를 넘어서는 초보자의 정신을, 키케로의 '탄핵 연설'에서 사태를 장악하는 기세의 힘을 배우려고 하니까요.

**이제, 다시 시작할 시간입니다**
저는 딱딱한 철학 이론이 아니라 삶의 불확실성 앞에서 얼어붙었던 저를 다시 걷게 해준 인생의 지혜, 바로 그것을 당신과 나누고 싶었습니다. 타인과의 경쟁에서 이기는 '최고의 삶'이 아니라 각자의 자리에서, 각자의 방향에 따라, 각자의 방식으로 충실히 살아내는 '최선의 삶'을 위한 철학을 말하고 싶었습니다. 자기 삶에 최선을 다하는 사람들의 철학을 이야기하고 싶었습니다.

제가 고전을 통해 저 자신의 목표와 기준을 다시 찾았듯이, 당신도 이 책에서 매일의 삶에 적용할 수 있는 분명한 기준 하나를 찾아가기를 바랍니다. 거창하고 대단한 해답이 아니라 내 발밑을 비추는 등불을 발견하기를 바랍니다. 저 역시 그랬듯이, 이 책이 당신에게 고대 철학가들의 책을 직접 읽고 스스로의 감각을 찾아가는 여정의 출발점이 되기를 바랍니다.

이 책은 멈추고 싶은 순간들 앞에, 불안한 현실 앞에 서 있는 당신에게 건네는 제 마음의 편지이자 저 자신을 위한 치유의 기록입니다. 이 편지이자 기록이 '완벽해야 한다'는 생각에 사로잡혀 쉽게 발을 떼지 못하는 당신에게 힘이 되면 좋겠습니다.

이 책의 주인공인 고대 철학가 12명이 살던 세상은 평화롭지도, 안온하지도 않았습니다. 끔찍한 전쟁의 한복판이거나 내란의 음모가 진행 중이거나 사회 전체가 대립과 혼란의 도가니였습니다. 그들은 싸웠고, 슬퍼했고, 분노했고, 절망했습니다. 생명의 위협을 받기도 했고, 역사의 수레바퀴에 스러져간 이들도 있었습니다. 하지만 그들은 그런 상황 속에서도 최선의 삶을 향해 쉬지 않고 나아갔고, 생각했고, 썼습니다.

지금은 저강도의 우울증이 동반되는 시대입니다. 크게 잘못한 일도 없는 것 같은데 죄책감을 갖게 됩니다. 과연 우리가 제대로 가고 있는지 자꾸 뒤돌아보게 됩니다. 이 역시 철학가들이 겪었던 일들이라 여기며, 이런 때일수록 더 단단한 사람이 되어야겠다고 다짐해봅니다. 오랜 세월을 견뎌온 그들의 지혜가 세상을 좀 더 좋은 쪽으로 바꾸는 데 보탬이 되길 희망합니다.

2025년 10월
권석천

# 차례

**프롤로그**
자기 삶에 최선을 다하는 사람들의 철학     5

## 1부   내면을 깨우는 힘

소크라테스 • 세상을 변화시키는 질문의 힘     15
소포클레스 • 신념을 위해 침묵하지 않는 용기     41
플라톤 • 실패를 통해 배우는 초보자의 정신     63
마르쿠스 아우렐리우스 • 흔들림 없는 삶, 자기 대화의 시간     85

## 2부   타인을 이해하는 마음

호메로스 • 모든 것은 공감에서 시작된다     111
아리스토텔레스 • 반드시 성공하는 설득의 법칙     135
세네카 • 동료 인간에 대한 존중     161
플루타르코스 • 사람을 입체적으로 이해하는 법     183

## 3부  세상을 다르게 바라보는 시선

키케로 • 어떻게 기세로 사태를 장악하는가                  209

헤로도토스 • 맥락은 방향을 알려주는 내비게이션이다        233

투키디데스 • 우리에겐 왜 사실이 필요한가                  255

아리스토파네스 • 다른 세상을 꿈꾸게 하는 비판적 상상력     279

# 1부

내면을
깨우는 힘

# 소크라테스

세상을 변화시키는
질문의 힘

그런 등에 역할을 하라고
신께서 이 도시에 나를 배정하신 것 같습니다.
어디서나 온종일 여러분에게 내려앉아
여러분을 일일이 일깨우고 설득하고
꾸짖으라고 말입니다.

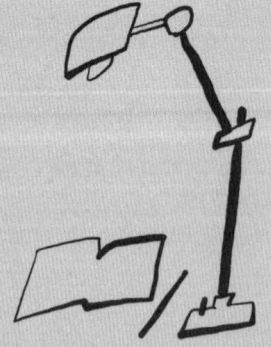

"무식하면 용감하다는 말이 떠오르네요."
"네? 무식하다고요?"

2000년대 초반의 일입니다. 당시 저는 경제부 기자로 한국은행을 출입하고 있었습니다. 어느 날 과장급 조사역에게 전화를 걸어 외환보유액에 관해 물었습니다. 당시에는 외환보유액, 즉 미국 달러를 쌓는 것이 매우 중요한 국가적 과제였습니다. 그런데, 외환위기 직후 치솟았던 원/달러 환율이 계속 떨어지면서 원화로 계산하면 외환보유액은 오히려 줄어드는 결과가 되고 있었습니다. 저는 그것이 문제가 아닌지 알고 싶었습니다.

"달러 기준 보유액은 늘고 있지만 원화로 계산하면 오히려 줄고 있는데, 어떻게 봐야 할까요?"

그 조사역은 제 질문에 바로 답하지 않고 "한말씀 드리려고 하는데 괜찮겠냐?"라고 했습니다. 그래서 무슨 말씀이든 해보시라고 했더니 돌아온 말이 "무식하면 용감하다"였습니다. 왜 말도 안 되는 질문을 하느냐는 얘기였죠. 순간 말이 너무 심한 거 아니냐고 따지고 싶었지만, 무슨 말씀이든 해보시라고 한 터라 허허 웃으며 넘어갈 수밖에 없었습니다.

며칠 후 한국은행 부총재보를 만날 기회가 있어서 같은 질문을 던져봤습니다. 그랬더니 문제가 될 수도 있다고 답하는 것이었습니다.

"외환보유액은 결국 나라의 재산인데, 원화 기준으로 줄어든다는 것은 문제가 있죠. 당장은 아니더라도 외환보유고를 과연 얼마까지 쌓아야 하는지 고민해볼 필요가…."

그때 깨달았습니다. '우문(愚問)이 꼭 우문만은 아니구나. 오히려 고수가 볼 때는 괜찮은 질문이 될 수도 있구나.'

세상에 어리석은 질문은 없다는 걸 실감한 계기였습니다. 실제로 기자 시절 기자회견이나 간담회에서 느꼈던 점이기도 합니다. "○○○씨는 언제 소환합니까?" 남들이 묻기를 주저할 때 '무식하고 용감하게' 묻는 한마디가 물꼬를 틀 때가 많았습니다. "당장 부르기는 어렵고…." 그렇다면 소환 대상이긴 하다는 뜻. 그 자체로 뉴스가 되었습니다.

내가 던지려는 질문이 충분히 의미 있는지 재보고 따지다 보면 맥이 빠지는 경우가 많습니다. 대학생들이 강의 시간에 질문을 잘 하지 않고, 회사에서도 프레젠테이션이나 회의 때 입을 떼지 못하는 경우가 많다고 하는데요. '연습'이라고 생각하고 자꾸 물어보아야 하는데 그게 말처럼 쉽지 않습니다.

    AI 시대에 들어서면서 질문의 가치는 더욱 커지고 있습니다. 좋든 싫든 AI와 공존해야 하는 상황에서 개개인의 경쟁력은 질문의 수준에서 갈라질 가능성이 큽니다. 어떤 질문을 하느냐에 따라 AI가 전혀 다른 결과물을 내놓기 때문입니다.

    여기, 질문을 멈추지 않다가 죽음을 맞아야 했던 한 철학자가 있습니다. 소크라테스입니다. 그는 '질문'이라는 이름의 횃불로 진리를 찾아갔습니다. 『소크라테스의 변론/크리톤/파이돈』[*]을 통해 그에게서 질문하는 법, 정확하게는 질문에 대해 생각하는 법을 배워보겠습니다. 그가 어느 어두컴컴한 감옥에서 우리를 기다리고 있습니다.


### 석공 아버지와 산파 어머니의 아들, 소크라테스

    동트기 직전, 아테나이의 감옥. 부유한 시민 크리톤이 사형 집행을 앞둔 친구 소크라테스를 찾아옵니다. 크리톤이 감옥 문을 두드린 이유는 소크라테스에게 탈출을 설득하기 위해서입니다. 크리톤은 소크라테스와 마주 앉아 부탁합니다.

    "나를 위해서라도 자네는 감옥에서 나가야 하네."

---

[*] 플라톤, 『소크라테스의 변론/크리톤/파이돈』, 천병희 옮김, 도서출판 숲, 2017년

소크라테스의 사형이 집행된 뒤 "크리톤이 돈을 썼더라면 그를 구할 수 있었는데 왜 구하지 않았느냐"라는 비난을 받을 수 있다는 것입니다. 이에 소크라테스는 우리가 왜 대중의 의견에 그토록 신경을 써야 하느냐며 그에게 질문을 던집니다.

**소크라테스** 그렇다면 좋은 의견은 존중하되 나쁜 의견은 존중하지 말아야겠지?
**크리톤** 그야 그렇지.
**소크라테스** 좋은 의견이란 지혜로운 사람들의 의견이고 나쁜 의견이란 어리석은 사람들의 의견이 아닐까?
**크리톤** 왜 아니겠나?
**소크라테스** 자, 그렇다면 다음과 같은 주장은 어떤가? 본격적으로 체력 단련을 하는 사람은 모든 사람의 칭찬이나 비난이나 의견에 신경 써야 하는가, 아니면 단 한 사람, 즉 의사나 체육 교사의 칭찬과 비난과 의견에 신경 써야 하는가?
**크리톤** 단 한 사람의 칭찬과 비난과 의견에 신경 써야겠지.
**소크라테스** 그러니까 그는 그 단 한 사람의 비난은 두려워하고 칭찬은 반기되, 대중의 비난과 칭찬은 두려워하거나 반겨서는 안 되겠지?
**크리톤** 그야 당연하지.　　　　　　　　　　　　　-88쪽

소크라테스는 '잘 알지도 못하는' 대중의 평가를 지나치게 두려워할 필요가 없다고 이야기하고 있습니다. 그는 삶과 죽음의

갈림길에 서서도 사형 집행을 피하면 왜 안 되는지를 따져 묻습니다. 참으로 '질문의 철학자'다운 모습입니다.

소크라테스는 기원전 470년에 태어나 399년에 세상을 떠났습니다. 그는 '금수저' 출신이 아니었습니다. 아버지는 석조 건물을 세우는 석공(石工)이었고, 어머니는 출산을 돕는 산파였습니다. 그 자신도 아버지의 일을 이어받아 석공 일을 했고, 펠로폰네소스 전쟁에 중무장 보병으로 참전하기도 했습니다.

소크라테스가 철학자의 길을 걷기 시작한 건 마흔이 되었을 때였다고 합니다. 그런데 그가 철학을 하는 방법은 독특했습니다. 아테나이 거리를 거닐며 시민들과 대화를 나누는 것이 전부였습니다. 그들에게 끊임없이 질문을 던져 스스로 진리를 깨닫게 한 것이죠. 그 방식이 아기를 낳을 때 돕는 산파와 비슷하다고 해서 '소크라테스의 산파술'로도 알려져 있습니다.

말년에 그는 '젊은이들을 타락시키고 새로운 신을 믿는다'는 혐의로 재판에 회부되어 사형 선고를 받습니다. 그는 친구와 제자들의 설득에도 망명하지 않고 독배를 마십니다. 잘못을 범하지 않았는데 도피하면 잘못을 인정하는 게 된다는 믿음 때문이었습니다. 소크라테스의 죽음은 역사에 지워지지 않는 그의 아우라가 됩니다.

소크라테스의 질문법이 잘 드러나 있는 것이 제자 플라톤이 남긴 「소크라테스의 변론」(이하 「변론」)입니다. 「변론」에는 소크라테스가 법정에 서서 자신의 신념과 철학을 어떻게 설명했는지,

스스로를 어떻게 방어했는지 담겨 있습니다. 저는 소파에 기대어 「변론」을 읽다가 자세를 고쳐 앉았습니다. '피고인 소크라테스'의 목소리가 너무나 생생하게 다가왔기 때문입니다.

「변론」은 어디까지가 소크라테스의 실제 변론이고, 어디부터 플라톤의 생각인지 명확하게 구분되어 있지 않습니다. 다만 「변론」은 「크리톤」, 「파이돈」, 「향연」과 함께 플라톤의 초기 작품입니다. 그만큼 플라톤의 생각이 많이 들어가 있을 가능성은 낮습니다. 또, 소크라테스가 직접 법정에서 말한 내용을 토대로 정리한 것일 테고요.

「변론」은 소크라테스의 성격을 가장 잘 드러내는 동시에 실제 재판 상황을 충실하게 재현했다는 평가를 받습니다. 「변론」을 읽다 보면 질문하는 방법은 물론이고, 질문하는 자세에 대해서도 깨달음을 얻게 됩니다. '아, 저런 자세에서 저런 질문이 나올 수 있는 거구나' 하는 실감이 듭니다.


### '미사여구가 아닌 일상어'로 말하겠다

소크라테스가 「변론」을 어떻게 시작하는지부터 살펴보겠습니다. 도입부가 중요한 이유는 그가 평범한 연설을 하고 있는 게 아니기 때문입니다. 소크라테스는 자신의 생명을 지키기 위해 고발인의 주장을 반박해야 하는 입장에 서 있습니다. 그는 이렇게 말합니다.

> 아테나이인 여러분, 나를 고발한 사람들이 여러분에게 어떤 영향을 미쳤는지 나는 알지 못합니다. 그러나 그들로 인해 나는 하마터면 내가 누구인지조차 잊어버릴 뻔했습니다. 그만큼 그들의 논리는 설득력이 있었습니다. 하지만 그들은 사실상 진실은 한마디도 말하지 않았습니다.
> – 19쪽

소크라테스는 '나를 고발한 자들의 주장은 설득력이 있지만 거짓말'이라고 선언합니다. 그는 이어 자신에게서는 "그들처럼 미사여구로 치장한 표현은 듣지 못할 것"이라며 "나는 그때그때 생각나는 바를 일상어로 말하겠다"라고 합니다.

소크라테스는 왜 일상어로 말하겠다고 했을까요? 그 배경을 알려면 아테나이 법정의 문화적 맥락부터 살펴봐야 합니다. 당시 법정은 소피스트 같은 웅변가들이 화려한 수사와 감정적 호소로 배심원들을 설득하는 것이 일반적이었습니다. 어린 자녀를 비롯해 가족을 법정에 데리고 나와 눈물로 동정을 구하는 경우도 적지 않았다고 합니다. 소크라테스는 이러한 변론 방식에 강한 거부감을 갖고 있었습니다. 번지르르한 말솜씨로 감정에 호소하는 방식이 진실 추구를 방해한다고 본 것입니다.

또 하나, 현실적인 필요성도 있었습니다. 소크라테스는 자신에 대한 대중의 선입관에 맞서야 했습니다. 그는 오랜 기간 아테나이 거리에서 사람들의 무지를 드러내는 대화를 해온 탓에 적이 많았습니다. 그만큼 오해도 많이 받았고요. 그는 자신을 둘러싼 편견을 바로잡을 필요가 있었고, 그런 편견과 싸우려면 화려한 언어보다 담백한 일상어가 낫다고 판단한 것입니다.

더욱이 그는 평생 '미사여구가 아닌 진실'이란 모토를 가지고 살았습니다. 법정에 섰다고 해서 자신의 태도를 바꿔야 할 필요성을 느끼지 못했던 것으로 보입니다. 또한 자신이 고발자들과 다른 부류의 사람임을 인식시키는 방법이기도 했습니다.

소크라테스는 고발자들과 함께 '오래전부터 근거 없는 거짓말로 자신을 무고해온 자들'을 문제 삼습니다. 그는 그들을 상대로 자신을 변호하겠다고 말합니다. 하지만 이름조차 모르고 얼굴도 드러내지 않는 그들에게서 자기 변호를 해야 하고, 답변하는 사람도 없는 가운데 반대신문을 해야 하는 상황을 개탄하기도 합니다.

소크라테스의 주장을 읽으며 유튜브와 SNS가 떠올랐습니다. 이슈만 터지면 이른바 '인플루언서'들이 피라냐 떼처럼 몰려들어 형체도 남기지 않고 물어뜯습니다. 더구나 그 속도가 너무도 빨라서 소크라테스 시대의 '무고하는 이들'만큼이나 상대하기 어렵습니다. SNS 역시 누가, 언제, 어디서, 왜, 무슨 말을 했는지 일일이 찾아내기 힘듭니다.

### 소크라테스보다 더 지혜로운 사람은 없다?

소크라테스는 이어 자신이 어떻게 명성을 얻었고, 자신에 대한 비방이 어떻게 생겨난 것인지 이야기합니다. 고발인들의 프레임(frame)을 본격적으로 반박하기에 앞서 자신의 프레임부터 보여주는 것입니다. 상대방 프레임부터 말한 뒤 반박하면 그 프레임에 끌려다닐 수밖에 없습니다. 자신의 프레임을 먼저 분명하게 제시해야 상대방 프레임에 맞설 수 있습니다.

소크라테스는 자신이 철학 하는 삶을 살기 시작한 계기를 '델포이의 신탁'에서 찾습니다. 어느 날 자신의 절친한 친구인 카이레폰이 델포이의 아폴론 신전에 가서 "소크라테스보다 더 지혜로운 사람이 있는지" 물었는데, 그보다 더 지혜로운 사람은 없다는 신탁이 나왔다는 것입니다. 소크라테스는 이 신탁에 곤혹스러움을 느꼈다고 말합니다.

그래서 소크라테스는 지혜롭기로 이름난 사람들을 찾아다니며 '자신이 지혜롭지 않음'을 확인하려고 합니다. 처음엔 정치인들이었습니다. 하지만 그는 곧 그들이 지혜롭지 못하다는 사실을 깨닫습니다. 그들은 알지도 못하면서 안다고 하는 반면, 자신은 모르는 것은 모른다고 하기에 자신이 그들보다는 더 지혜로운 것 같다는 생각을 품게 됩니다.

정치인들에 이어 비극 시인과 서정 시인, 그리고 장인들(기술자들)까지 찾아가지만 결과는 마찬가지입니다. 그들 역시 알지 못하면서 자신이 안다고 착각하고 있었습니다. 소크라테스는 그리스 곳곳의 유명인들을 찾아다니며 그들과 대결하는 일종의 '도장 깨기'를 했던 셈입니다.

문제는 그가 쉬지 않고 캐묻고 다닌 까닭에 감당하기 어려울 정도로 심한 미움을 사게 됐다는 것입니다. 생각해보세요. 이상한 중년 아저씨가 느닷없이 당신을 찾아와서 "아, 그대도 자신이 모른다는 사실을 모르고 있군요!" 하고 말한다면 화가 나지 않을까요? 그러나 소크라테스는 그것이 철학자로서 자신의 소명이라 생각하고 사람들의 반발을 감내합니다.

소크라테스는 이러한 배경 설명을 통해 자신의 철학적 토대를 이해시킨 뒤 본격적인 변론에 들어갑니다.

## 두 개의 혐의에 대한 반박

소크라테스에 대한 고발장은 크게 두 개의 혐의를 지목합니다. ① 소크라테스는 젊은이들을 타락시키고, ② 나라가 인정하는 신들 대신 다른 새로운 신들을 믿음으로써 불법을 저지르고 있다는 것이었습니다.

소크라테스는 법정에 나와 있던 고발인 멜레토스에게 질문을 던지기 시작합니다. 먼저 첫 번째 혐의, 즉 '젊은이들을 타락시킨' 혐의에 대한 두 사람의 대화를 요약하면 다음과 같습니다.

누가 젊은이들을 더 훌륭하게 만드오?

(중략) "여기 이 배심원들입니다, 소크라테스!"

(중략) 그러면 나를 제외한 모든 아테나이인이 젊은이들을 고매하고 훌륭하게 만드는데, 오직 나만이 젊은이들을 타락시키는 것 같군요. (중략) 말들을 훌륭하게 만드는 것은 모든 사람이지만 말들을 망치는 것은 단 한 사람뿐이라고? (중략) 누구든 해를 입기를 원하는 사람이 있을까요?

"물론 없겠지요."

(중략) 내가 고의적으로 그런다는 거요 아니면 본의 아니게 그런다는 거요?

"고의적으로 그런다고 나는 생각합니다."

(중략) 나라는 사람은 함께하는 사람 중 누군가를 악당으로 만들면 그에게 해코지당할 위험이 있다는 것도 모를 만큼 무지해서 그대의 말처럼 고의적으로 그런 악행을 저지른단 말인가요? ─ 36~40쪽

다시 말하면, '내가 젊은이들을 타락시키면 나 자신에게 해가 되는데 일부러 그런 일을 할 이유가 없다'는 겁니다. 소크라테스는 멜레토스의 고발 내용이 그 자체로 말이 안 되는 모순임을 지적합니다. 그는 두 번째 혐의로 넘어갑니다. 바로 '새로운 신을 믿는다'는 혐의입니다.

내가 어떤 신들을 믿도록 젊은이들을 가르치는데─그러려면 나는 신

들의 존재를 믿어야 하니 전적으로 무신론자는 아니며, 그 점에서 나는 불법을 저지르지 않은 셈이오—그 신들이 국가가 믿는 신들과는 다른 신들이기에 그대는 이런 이유로 나를 고소하는 건가요? 아니면 나는 신들을 아예 믿지 않으며, 다른 사람들에게도 믿지 말라고 가르친다는 뜻인가요?

"내 말은 그대는 신들을 아예 믿지 않는다는 뜻입니다."

(중략) "소크라테스는 신들을 믿지 않지만 신들을 믿음으로써 불법을 저지르고 있다"고 말하는 것과도 같습니다. 그리고 그것은 말장난에 불과합니다. (중략) 초인간적인 일은 있다고 믿으면서 초인간적 존재는 없다고 믿는 사람이 있을까요?

"없습니다." ―41~43쪽

소크라테스의 주장은 멜레토스의 답변대로 소크라테스 자신이 "신들을 아예 믿지 않는다"고 한다면 새로운 신을 믿는다는 고발 내용은 성립할 수 없다는 것입니다. 그는 자기 자신을 위한 변론은 이것으로 충분하다고 말합니다.

## 워딩이 흐리멍덩하면 세상도 흐리멍덩해진다

멜레토스를 상대로 한 소크라테스의 질문을 자세히 들여다보겠습니다. 그의 물음에는 세 가지 질문법이 쓰입니다. 바로 '명확성 질문', '근거 탐구 질문', '가설 검증 질문'입니다.

'명확성 질문'은 누가 무슨 말을 했는데 잘 이해되지 않을 때 "잠깐만요, 뭐라고요?(Wait, What?)"\*를 외치는 것입니다. 개념의 모호함을 지적하면서 그것이 무엇을 의미하는지 정확하게 설명해줄 것을 요구하는 질문입니다. 소크라테스는 계속해서 상대방의 대답이 무엇을 뜻하는지를 파고듭니다. 그가 아테나이 거리에서 쉬지 않고 던졌던 질문들도 대부분 이 명확성 질문이라고 할 수 있습니다.

'근거 탐구 질문'은 주장의 근거를 대라고 요구하는 것입니다. 소크라테스가 「변론」에서 "누가 젊은이들을 더 훌륭하게 만드오?"라고 물으며 주장에 대한 증거를 내놓으라고 하는 게 대표적입니다. 다른 질문들의 밑바탕에도 '근거를 제시하라'는 암묵적 요구가 깔려 있습니다. 소크라테스 자신이 젊은이들을 타락시킨다는 근거, 새로운 신을 믿는다는 근거, 신을 믿지 않는다는 근거 말입니다.

'가설 검증 질문'은 주장에 내재된 전제나 가정을 드러낸 뒤 그것이 맞는지 검증하는 것을 말합니다. 소크라테스가 멜레토스에게 자신이 새로운 신을 믿는다면 어떻게 동시에 무신론자일 수 있느냐고 묻는데, 이것이 가설 검증 질문입니다. "누군가를 고의

---

\* 하버드 교육대학원 학장이었던 제임스 라이언 교수는 졸업식 축사에서 질문의 중요성을 강조하면서 그 첫 질문으로 '잠깐만요, 뭐라고요?(Wait, What?)'를 꼽았다. - 제임스 라이언, 『하버드 마지막 강의』, 노지양 옮김, 비즈니스북스, 2017년

적으로 해롭게 만드는 것이 그 당사자에게 이롭겠는가?"라는 질문도 마찬가지입니다. 이 질문을 통해 소크라테스는 '누군가를 고의적으로 해롭게 하면 해롭게 한 그 자신에게 이익이 될 수 있다'는 가정에 대한 논리적 검증을 합니다.

이러한 세 가지 질문법을 통해 소크라테스가 말하고자 하는 바는 세상을 명료하게 보자는 것입니다. '워딩이 흐리멍덩하면 세상도 흐리멍덩해진다.' 그러니 흐리멍덩하게 묻고, 흐리멍덩하게 답하고, 흐리멍덩하게 주장하지 말자는 것입니다. 그래야만 무엇을 이야기하더라도 제대로 된 결론이 나오지 않겠느냐는 지적입니다.

「변론」에서는 이 세 가지 질문법과 함께 '영향 예측 질문'이 상당한 비중으로 쓰입니다. '영향 예측 질문'은 자신이나 상대의 행위가 가져올 수 있는 결과나 영향에 대해 묻는 것을 말합니다. 대표적으로, 변론 막바지에 소크라테스가 "젊은이들을 이미 타락시킨 것이 사실이라면?"이라는 물음을 던진 뒤 이렇게 말하는 대목입니다.

일부는 이제 나이가 지긋할 테니 젊었을 때 자신들에게 내가 나쁜 조언을 했다는 것을 알고는 몸소 연단에 올라 당연히 나를 고발하고 나에게 복수해야 할 것입니다. 그들이 몸소 그러기를 원하지 않을 때는 아버지나 형제나 다른 가까운 친족 가운데 자기 가족이 나에게서 정말로 해를 입은 사람이 있다면, 지금이라도 당연히 이를 상기하고 내

게 복수해야 할 것입니다.　　　　　　　　　　　　　　　-57쪽

　그는 "그들 가운데 여러 명이 여기 이 법정에 와 있다"면서 한 사람 한 사람 이름을 부릅니다. 고발 내용이 사실이라면 멜레토스는 이들 가운데 일부를 증인으로 내세웠을 것이고, 지금이라도 증인으로 내세워야 한다는 것입니다. 멜레토스가 고발한 혐의에 따르면 당연히 일어났어야 할 결과(영향)가 일어나지 않았다는 점을 지적하고 있습니다.
　소크라테스의 물음 앞에 선 사람들은 얼마나 가슴이 찔리고 아팠을까요? 이러한 소크라테스의 질문법이 그의 죽음을 불러오지 않았나, 저는 생각합니다. 하지만 세상을 흐리멍덩하게 보지 말자는 그의 요구는 서양 철학을 꽃피우는 토대가 됩니다.
　우리가 살아가는 민주주의 사회는 소크라테스의 질문법이 간절하게 필요합니다. 민주주의부터 자유, 평등, 평화까지 서로가 이야기하는 개념의 내용이 분명치 않다면 오해하고 착각하면서 끝없는 혼란의 밤을 보낼 수밖에 없으니까요.
　한국 사회에서는 어떤 지시를 하거나 주장을 할 때 그 근거를 제대로 제시하지 않는 경우가 많습니다. "이쯤 말하면 (그놈의) '이심전심'으로 알아들어야 하는 거 아니냐"라고 합니다. 이해가 되지 않지만 적당히 눈치로 때울 때도 적지 않습니다. 혹시라도 근거를 요구하려고 하면 '까탈스러운 사람', '자꾸 따지는 사람', 심지어 '재수 없는 사람'이란 말을 듣기도 합니다. 그래도 우리는

소크라테스라는 특별한 인간이 있었음을 기억하고, 기죽지 않고 해야 할 말은 했으면 합니다.

### 철썩 쳐서 죽이더라도 '등에' 역할을 멈추지 않겠다

소크라테스는 멜레토스가 주장한 두 개의 혐의를 반박한 뒤 눈을 돌려 배심원들을 바라봅니다. 그리고, 자신을 향한 법정 안팎의 선입관에 맞서 자신에 대해 말하기 시작합니다.

어쩌면 이렇게 말하는 사람도 있겠지요. "오오, 소크라테스! 그대는 지금 그대 목숨을 위태롭게 하는 그런 일에 앞장선 것이 부끄럽지도 않소?"
-45쪽

이 물음은 대중의 생각을 소크라테스 스스로 요약한 것입니다. 소크라테스는 즉각 반박합니다. "그 행동이 옳은지 그른지, 뛰어난 사람의 행동인지 못난 사람의 행동인지만 고려하는 것이 아니라, 살게 될지 죽게 될지를 저울질해야 한다"면 그 판단은 옳지 못하다는 것입니다. 그는 주장에 머물지 않고 근거를 제시합니다.

그가 말한 근거는 '트로이아에서 전사한 아킬레우스'입니다. 그리스인이라면 누구나 영웅이라 여기는 아킬레우스의 삶과 죽음을 자신의 첫 번째 근거로 삼은 것입니다. 소크라테스는 아킬레우스가 트로이아의 왕자 헥토르를 죽이면 자신도 죽는다는 예언을 듣고도 친구의 원수를 갚지 못하고 못난 사람으로 살아가는 것을 훨씬 더 두려워했다며 이렇게 말합니다.

> 누가 자신이 가장 좋은 곳이라고 여겨서든 지휘관의 명령에 의해서든 일단 한곳에 자리 잡으면 위험을 무릅쓰고 자리를 지켜야 하며, 죽음이나 그 어떤 것보다 치욕을 염려해야 한다고 나는 생각합니다. -46쪽

소크라테스는 자기 자신도 그렇게 살아왔다고 합니다. 스스로의 삶을 두 번째 근거로 제시한 것입니다. 그는 지휘관들이 전투에서 "내게 자리를 정해주었을 때 나는 누구 못지않게 죽음을 무릅쓰며 내 자리를 지켰습니다"라고 강조합니다. 그래서 그는 아테나이의 법정이 자신에게 "진리 탐구와 철학에 종사하지 않는 조건으로 무죄 방면하겠다"고 해도 자신은 "죽어도" 철학에 종사하겠다고 합니다. 조언하고 지적하는 일을 그만두지 않을 것이라고 합니다.

소크라테스는 자신의 굳은 결의를 밝히기 위해 '등에'를 이야기합니다. 등에는 쇠파리입니다. "덩치가 크고 혈통이 좋지만 덩치 때문에 굼뜬 편이라서 등에의 자극이 필요한 말에 등에가 배정되듯, 신에 의해 나는 이 도시에 배정된 것"이라고 말합니다.

그런 등에 역할을 하라고 신께서 이 도시에 나를 배정하신 것 같습니

다. 어디서나 온종일 여러분에게 내려앉아 여러분을 일일이 일깨우고 설득하고 꾸짖으라고 말입니다. 여러분, 여러분은 그런 사람을 쉽게 얻지 못할 것입니다. (중략) 여러분은 아마도 졸다가 깬 사람처럼 짜증이 나서 아뉘토스의 조언에 따라 철썩 쳐서 아무 생각 없이 나를 죽이겠지요.  -52쪽

아뉘토스는 멜레토스의 고발을 배후에서 사주한 인물입니다. 소크라테스는 씁쓸한 한마디를 덧붙입니다. "그러면 신께서 여러분을 염려하여 나를 대신할 누군가를 보내주시지 않는 한, 여러분은 잠 속에서 여생을 보낼 것입니다."

## 소크라테스는 왜 조용히 침묵하며 살 수 없었나?

그날의 법정은 소크라테스에게 '죽을 자리'였나 봅니다. 변론이 끝나고 유죄 판결이 나옵니다. 유·무죄를 가른 표차는 크지 않았습니다. 소크라테스 자신이 말하듯 "(500여 표 중) 30표만 방향을 바꾸었어도" 무죄 방면되었을 상황입니다. 그는 다시 형량에 관한 변론에 나섭니다. 고발인이 사형을 구형했지만 소크라테스는 고분고분하게 형량 조정에 나설 생각이 없습니다. 다만, 제자들과 친구들이 보증을 서겠다고 하니 30므나의 벌금 정도는 낼 용의가 있다고 합니다.

그의 태연하고 꼿꼿한 태도는 배심원들의 반발을 삽니다. 무죄에 표를 던졌던 이들까지 사형 쪽으로 돌아서면서 결국 사형이 선고됩니다. 최후 진술에서 소크라테스는 "다른 방법으로 변론하여 사느니 이렇게 변론하다가 죽는 편이 나에게는 훨씬 낫다"라고 말합니다. 그는 '신념을 위해 죽을 수 있다'는 것을 자기 주장의 근거로 제시했고, 받아들여지지 않자 기꺼이 죽음을 택합니다. 그의 철학은 스스로의 죽음으로 완성됩니다.

소크라테스는 아테나이 시민들의 사형 선고에 대해 이렇게 말합니다.

> 내가 유죄 판결을 받은 것은 말이 부족해서가 아니라 배짱이 두둑하지 못하고 뻔뻔스럽지 못했기 때문이며, 여러분이 나에게서 가장 듣고 싶었을 말투로 여러분에게 화답하기를 거절했기 때문입니다.　-69쪽

소크라테스가 「변론」에서 던진 자문자답 중 하나는 저도 그에게 묻고 싶었던 것입니다.

"소크라테스여, 당신은 침묵을 지키며 조용히 살아갈 수 있지 않았나요?"

그의 답변은 단호합니다.

"캐묻지 않는 삶은 살 가치가 없다."

성찰하는 삶의 중요성을 강조하는 말인데요, 저는 그의 주장이 옳다고 여기면서도 또 다른 질문이 떠오릅니다.

"소크라테스 씨, 당신은 왜 그렇게 생각할 수밖에 없었나요?"

제가 「변론」에서 찾아낸 답은 '소크라테스 자신의 굽히지 않는 삶'이었습니다. 소크라테스는 누구도 두려워하지 않았고, 미움받을까 걱정하지 않았고, 틀린 질문을 할까 봐 주저하지 않았습니다. 그는 한 번도 어느 누구의 선생이 되어본 적이 없다고 말합니다. 그저 '묻고 대화했을 뿐'이라는 것입니다.

저는 '알고 싶은 게 있으면 묻지 않고는 못 배기는' 소크라테스의 성격이 그가 살았던 삶의 자리에서 나오지 않았나 생각해봅니다. 앞서 이야기했듯 그의 아버지는 석공이고 어머니는 산파였습니다. 그 자신도 석공이었고, 기술자들과 자주 어울렸다고 합니다.

돌을 다듬는 일은 한 치도 틀리면 안 되는 일입니다. 산파 역시 산모와 아기의 목숨이 달린 일입니다. 두 직업 모두 처음부터 끝까지 모든 것을 장악하지 않으면 안 되는 일이고, 자신이 아는 것과 모르는 것, 할 수 있는 것과 할 수 없는 것을 정확하게 구분하지 않으면 못 하는 일입니다.

소크라테스는 생각하는 일에 있어서도 이러한 노동의 엄밀함과 성실함을 잃지 않았던 것 아닐까요? 몸을 움직여서 무언가를 만들어온 노동자들의 근면성이 소크라테스로 이어져 논리의 빈구멍, 근거의 허술함을 그냥 놔두지 못하게 한 것은 아닐까요? '아, 이 부분이 비어 있구나'라고 깨닫는 순간, 어떻게든 그 부분을 채우기 위해 따지고 물으면서 다녔던 것 아닐까요?

## 질문의 각도를 바꾸면 삶이, 세상이 달라진다

서울 종로 거리를 걷다가 한 그리스인과 마주쳤습니다. 얇은 리넨 천을 걸친 그는 키가 작고 땅딸막했으며 배가 제법 나와 있었습니다. 크고 둥근 얼굴에 눈은 툭 불거져 있었고, 코는 낮고 뭉툭했죠. 그는 자신이 '소크라테스'라며 세계를 여행 중이라고 했습니다. 스승은 외나무다리에서 만난다더니…. 연신 주위를 두리번거리는 그를 붙잡고 질문을 던졌습니다.

Q. 위대한 소크라테스 선생님을 이런 곳에서 뵙다니 정말 영광입니다. 한마디 여쭤보고 싶은데요, 저는 늘 눈앞에 닥친 문제의 답을 찾느라 분주한 것 같습니다. 마치 두더지 게임처럼 튀어나오는 문제들을 급하게 두들기기만 할 뿐, 정작 중요한 질문은 놓치고 있다는 불안감이 듭니다. 어떻게 해야 제대로 된 질문을 할 수 있을까요?

A. (웃음) 그대의 비유가 흥미롭군. 두더지 게임이라…. 망치로 두더지를 두들기는 일에 몰두하다 보면 과연 어떤 질문들을 놓치게 될까? '왜 이 두더지들은 계속해서 튀어나오는가?', '이 두더지 게임 말고 다른 게임을 시작할 수는 없는가?'와 같은, 보다 근본적인 물음들 아닐까?

Q. 네, 선생님. 저는 그저 눈앞의 두더지를 잡는 데만 급급하다 보니 잘못된 전제 위에 서 있었다는 사실조차 깨닫지 못했

던 것 같습니다. 제대로 된 질문을 못 하니 엉뚱한 곳만 헤매고 있었고….

A. '제대로 된 질문'이란 무엇인지 그대의 생각을 얘기해보게.

Q. 음… 정곡을 찌르는 질문 아닐까요?

A. 자네 말이 맞네. 그런데 그대가 말하는 '정곡을 찌르는 질문'은 무엇일까? 답하기 어렵다고? 그렇다면 대답해보게. 그러한 질문은 비슷한 질문을 계속할 때 나오는 것일까? 아니면 질문의 각도를 바꿀 때 나오는 것일까?

Q. 질문의 각도를 바꿀 때 아닌가요? 비슷한 질문을 계속해서야 좋은 질문이 나올 수 없을 테니까요. 그런데, 질문의 각도를 바꾼다는 건 무슨 뜻인가요? 세상을 다르게 본다는 건가요?

A. 바로 그거네! 질문의 각도를 바꾼다는 것은 세상을 새로운 눈으로 바라보는 것이네. 단순히 답을 찾는 걸 넘어, 기존의 틀을 깨고 새로운 가능성을 발견하는 것이지.

Q. 선생님, 죄송하지만… 조금 더 쉽게 설명해주실 수 있는지요?

A. 궁금해서 묻는 것인데 죄송할 거 없네. 그러니까 내 얘기는 자네가 당연하게 여기는 생각이나 개념의 정의에 의문을 품어보라는 것일세. 두더지 게임에 비유하자면, 단순히 두더지를 더 빨리 잡는 방법을 묻는 게 아니라 한 발 물러나서 게임의 규칙과 의미에 대해 생각하고 그게 맞는지 의문을 던져

보라는 것이지.

Q. 질문의 각도를 바꾸면 무엇이 달라지나요?

A. 아무리 애써도 꿈쩍하지 않던 삶의 관성이 질문을 통해 비로소 흔들리기 시작하고, 마침내 새로운 변화를 만들어낼 수 있지. 중요한 것은 질문을 통해 얻는 정보 자체가 아니라 질문하는 과정을 통해 얻는 내면의 성장이네.

Q. 하지만 때로는 질문하는 것 자체가 너무 어렵게 느껴집니다. 무엇을 질문해야 할지조차 알 수 없을 때가 많습니다. 어떻게 해야 할까요?

A. 처음엔 칠흑 같은 어둠 속에서 길을 찾는 것 같겠지. 작은 불빛조차 보이지 않아 막막할 테고. 자, 작은 성냥불을 하나 켜보는 것부터 시작해보게. 처음 던지는 질문이 완벽할 필요는 없네. 중요한 것은 스스로에게 솔직한 의문을 던지는 것, 마음속에 떠오르는 작은 생각의 조각들을 붙잡고 늘어지는 것이지. 그 작은 질문들이 실마리가 되어 더 깊고 의미 있는 질문으로 이어질 수 있다네.

Q. 마지막으로, 더 나은 질문을 던지기 위해 어떤 노력을 해야 하는지 한말씀 해주십시오.

A. 남이 비웃을까 두려워하지 말고 진짜 궁금한 것은 '궁금한 마음과 표정' 그대로 물어보게. 그렇게 어떤 질문이든 자꾸 해봐야 잘하게 되네. 무엇보다 필요한 건 묻기를 두려워하지 않는 용기라네. 그대의 가슴속 의문을 솔직하게 드러낼

때 비로소 진정한 배움이 시작될 수 있다는 것을 기억하게. 질문을 멈추지 않는 한, 그대의 삶은 끊임없이 성장하고 새로운 지혜를 찾게 될 것이네. 자, 나는 이제 가봐야겠네. 기회가 되면 또 보세나.

# 소포클레스

신념을 위해
침묵하지 않는 용기

이런 운명을 맞는다는 것은
내게 전혀 고통스럽지 않아요.
나는 서로 미워하기 위해서가 아니라,
서로 사랑하려고 태어났어요.

신문사 논설위원으로 일하던 시절, '논쟁' 면(面)을 맡은 적이 있습니다. 논쟁 면은 그 당시의 뜨거운 이슈에 대해 서로 다른 입장에 서 있는 전문가 두 명의 기고를 나란히 싣는 형식이었습니다. 매주 신문의 한 페이지를 채워야 해서 분량 자체가 적지 않은데다 논쟁 주제를 정하는 것도 만만치 않았습니다.

'아, 다음 주는 또 어떤 주제로 논쟁 면을 만들지?'

이번 주 논쟁 면이 나가면 한숨부터 나왔습니다. 이슈가 차고 넘칠 때도 있었지만 가뭄에 콩 나듯 할 때가 더 많았습니다. 그런데 주제 정하는 일보다 더 어려운 것이 기고해줄 전문가를 찾는 일이었습니다. 자기 소신을 펼칠 필자를 구하기가 쉽지 않았습니다. "죄송하지만 저는 쓰기 힘든 사정이 있어서…." 계속해서 전화를 돌리다가 맥이 빠진 적이 많았습니다. 그렇게 기신기신 끌고 가다가 끝내 해당 면 자체가 폐지되고 말았습니다.

그때 들었던 의문이 '왜 한국 사회에는 자기 소신을 있는 그대로 밝히는 전문가가 많지 않은가?'였습니다. 왜 그럴까요? 공개적인 의견 대립을 부정적으로 보는 사회 분위기 때문일까요? 메시지보다 그 메시지를 전하는 사람을 공격하고, 말의 내용보다 말하는 방식이나 자세를 트집 잡습니다. 조직 내에서도 어떤 주장을 반박하려고 하면 버릇없이 말대답하지 말라는 훈계가 날아옵니다.

그래서인지 이름과 얼굴을 드러내고 자기 생각을 밝히는 것을 많이들 조심스러워합니다. 뒤에서 수군대는 '뒷담화'만 무성합니다. 기자로 살았던 저 역시 사회적으로 민감한 이슈에 대해선 '지당한 말씀'을 하는 선에서 멈춰 서고는 했습니다. 논리와 근거를 제시할 실력도 부족했지만 '내가 왜 굳이?'라는 자기 보호의 본능이 발목을 잡았던 것 같습니다.

침묵의 유혹은 무섭습니다. 직장에서 부당한 일을 목격했을 때, 사회적 불의를 마주했을 때 '잠시 모른 척하면 오랫동안 편안하다'는 내면의 목소리가 들려옵니다. 침묵이 편하고 안전해 보이기 때문입니다.

그러나 침묵은 편할지언정 안전하지는 않습니다. 어떤 경우엔 침묵이 자기 자신에 대한 배신이 됩니다. '이건 잘못된 일이야'라고 생각하면서도 행동하지 않을 때, 무력감이 우리의 정신을 녹슬게 합니다. 자존감이 낮아지고 자신을 신뢰하기 어려워집니다. 크고 작은 피해를 입을까 봐 계속 침묵하다가 '삶의 맥락'을 잃어버릴 수도 있습니다.

꼭 사회적 논쟁의 한복판에 서야 할 필요는 없습니다. 다만, 자신의 신념을 지키기 위해 침묵하지 않는 용기를 가졌으면 합니다. 어떤 신념, 어떤 문제의식을 갖고 사느냐가 내 삶을 달라지게 합니다. 나아가 자신의 신념을 마음껏 펼칠 수 있는 사회가 진정 살 만한 세상입니다. 그 주장에 다른 주장이 맞부딪히는 논쟁을 통해 사회적 의견이 제시되고, 여론이 형성되고, 시대의 방향이 정해집니다.

신념을 위해 침묵하지 않는 용기를 어떻게 배우고 익혀야 할까요? 제가 집어 든 교과서는 소포클레스의 「안티고네」\*입니다. 네, 그렇습니다. 「안티고네」는 고대 그리스의 대표적인 비극입니다. 어떻게 비극에서 신념과 용기를 배울 수 있느냐고요? 자, 그 의문을 가지고 안티고네를 만나보시면 좋을 듯합니다.

## 비극「안티고네」에 주목한 이유

「안티고네」는 기원전 5세기 아테나이 작가인 소포클레스(기원전 497/496~406/405년)의 작품입니다. 소포클레스는 고대 그리스의 비극 작가로「오이디푸스 왕」,「엘렉트라」같은 명작을 썼습니

---

\* 소포클레스,『소포클레스 비극 전집』, 천병희 옮김, 도서출판 숲, 2008년

다. 그의 작품들은 비극적인 영웅이 운명과 자유의지 속에서 딜레마를 겪으며 고뇌하는 과정을 밀도 있게 그려냈습니다.

「안티고네」는 단순한 비극을 넘어 개인의 양심과 국가의 법률 사이에서 벌어지는 갈등을 파고듭니다. 이 작품이 현대에 와서도 계속 재해석되는 이유입니다. 서구의 법철학에서 안티고네는 정치적 저항의 상징으로, 시민 불복종을 대변하는 캐릭터로 주목받아왔습니다.

그렇다면 「안티고네」는 어떤 내용일까요? 주인공 안티고네는 그리스 도시국가 테바이(테베)의 공주입니다. 공주라면 왠지 행복할 것 같지만 그녀에게는 고통스러운 멍에일 뿐입니다. 그 이유는 그녀가 그 유명한 오이디푸스의 큰딸이기 때문입니다.

오이디푸스가 누구인가요? 출생의 비밀을 알지 못한 채 아버지를 죽이고 어머니와 결혼한 비운의 왕입니다. 참혹한 진실을 뒤늦게 알게 된 그는 스스로 실명한 뒤 방랑길에 오릅니다. 안티고네는 그런 아버지를 끝까지 모십니다.

비극은 여기에서 끝나지 않습니다. 남자 형제 두 사람이 왕위 다툼을 하다 서로가 서로를 죽입니다. 새롭게 왕이 된 사람은 외삼촌 크레온입니다. 그는 두 조카 중 에테오클레스는 영웅으로 장사 지냅니다. 하지만 외부 세력을 끌어들여 테바이를 공격했던 폴리네이케스는 반역자로 규정하고 그의 시신을 죽은 자리에 방치해둡니다. 그러고는 누구든 시신을 수습하면 죽음으로 다스리겠다고 선포합니다. 그는 실정법이 모든 것 위에 있어야 한다고 믿습니다. 법질서가 흔들리면 시민들의 생명과 안전이 위태로워지기 때문입니다.

하지만 안티고네는 결심합니다. '형제의 시신을 반드시 땅에 묻어 장사 치르겠다'고요. 신(神)의 법이 인간의 법보다 우선한다고 믿기 때문입니다. 그것은 그녀의 가슴에서 우러나온 양심의 목소리입니다. 무슨 죄를 지었든 죽은 후에는 사자(死者)로서 존중받아야 한다는 게 그녀의 확고한 신념입니다.

안티고네가 크레온의 명령에 따라 조용히 살아간다고 해도 그 누구도 그녀를 탓하지 않았을 것입니다. 오히려 왕의 횡포 때문에 형제의 장례도 치르지 못했다고 불쌍하게 여길 수도 있습니다. 그러나 안티고네는 흔들림이 없습니다. 결심한 대로 형제의 시신에 흙을 뿌려 장례를 치릅니다. 체포된 그녀는 크레온 앞에서 자신의 행동을 옹호하며 그와 논쟁을 벌입니다. 그 결과 두 사람에게 끔찍한 비극이 닥쳐옵니다.

우리가 주목해야 하는 것은 이야기의 결말이 아닙니다. 안티고네와 크레온이 벌이는 논쟁의 과정입니다. 더 정확하게는, 통치자 앞에서 자신의 신념을 지켜낸 안티고네의 용기입니다.

### 삶과 죽음의 갈림길에서 물러서지 않겠다는 각오

곧바로 클라이맥스로 들어가겠습니다. 안티고네가 포고령 위반 혐의로 크레온 앞으로 끌려옵니다. 크레온이 "네 소행이 맞느냐?"라고 묻자 안티고네는 이미 각오한 일인 듯 그렇다고 답합니다. 크레온이 다시 묻습니다. "포고령이 내려졌음을 알고 있었느냐?" 이번에도 안티고네는 어찌 모를 리 있겠냐고 반문합니다. 그리고 이렇게 말합니다.

나 또한 한낱 인간에 불과한 그대의 포고령이 신들의 변함없는 불문율(不文律)들을 무시할 수 있을 만큼 강력하다고는 생각지 않았어요. 그 불문율들은 어제 오늘에 생긴 게 아니라 영원히 살아 있고, 어디서 왔는지 아무도 모르니까요. 나는 한 인간의 의지가 두려워 그 불문율들을 어김으로써 신들 앞에서 벌 받고 싶지 않았어요. (중략) 이런 운명을 맞는다는 것은 내게 전혀 고통스럽지 않아요. 내 어머니의 아들이 묻히지 못한 시신으로 밖에 누워 있도록 버려두었더라면 내게 고통이 되었을 거예요.

- 113쪽

안티고네는 자신이 설사 죽는다 해도 후회되지 않는다고 말합니다. 크레온은 안티고네의 말에 분노합니다. 맹수가 이빨을 드러내고 으르렁거리는 듯합니다.

이 계집은 공표된 포고령을 어겼을 때 반항에는 이미 이골이 날 대로 나 있었고, 설상가상으로 범행을 저지르고서 제 소행임을 자랑하며 우리를 비웃는 것은 두 번째 반항이오. 만일 이번 일에 그녀가 이기고 그 대가를 치르지 않는다면, 내가 아니라 그녀가 남자일 것이오. 그녀가 비록 내 누이의 딸이고, 우리 집에서 제우스의 보호를 받고 있는 그 누구보다 나와 가까운 인척이기는 하지만, 그녀와 그녀의 아우는 극형을 면치 못하리라.
- 114쪽

크레온은 안티고네의 행동을 반항이자 나쁜 짓이라고 못 박습니다. 자신은 "나쁜 짓을 하다가 붙잡히자 나쁜 짓을 미화하려 드는 자를 미워한다"라고 합니다.

이 순간, 안티고네는 또 한 번 선택의 갈림길에 섭니다. 늦었지만 지금이라도 왕이자 외삼촌인 크레온에게 무릎을 꿇고 잘못했다고 말할 것인가. 아니면, 자신의 신념을 지키기 위해 물러서지 않을 것인가. 그녀는 침묵 대신 신념을 선택합니다. 안티고네는 "그럼 왜 지체하세요?"라고 물은 뒤 이렇게 말합니다.

나로서는 친오라버니를 무덤에 묻어드리는 것보다 더 큰 영광을 어디서 얻을 수 있겠어요? 여기 계신 분들도 모두 그것이 마음에 든다고 말할 거예요. 공포가 그분들의 입을 막지 않는다면 말예요. 왕권에는 여러 가지 혜택이 따르기 마련인데 마음대로 행동하고 말할 수 있는 것도 그중 하나지요.
- 115쪽

안티고네는 형벌권을 남용한 당신의 공포정치가 아니라면 모두가 내 신념에 동의할 것이라고 말합니다. 죽음을 각오하고 왕의 권위에 맞서기로 한 것입니다. 크레온도 가만히 있지 않습니다. 자칫하면 자신의 정치적, 법적 정통성이 송두리째 흔들릴 수 있는 상황입니다.

그는 "테바이인들 가운데 너만이 그렇게 생각하고 있다"라며 안티고네를 고립시키려 합니다. 그러자 안티고네도 "그들은 그대 앞에서 입을 다물고 있을 뿐"이라고 맞받아칩니다.

이들의 논쟁에는 생동감이 넘칩니다. 논쟁의 대립각이 뾰족하게 살아 있기 때문입니다. 하나의 주제를 놓고도 '이렇게 가치관이 다를 수 있구나' 느끼게 됩니다. 가족의 장례를 제대로 치르고 싶은 마음과 나라를 위해 사회 질서를 지켜야 한다는 생각. 둘 다 틀렸다고 말하긴 어렵습니다. 한 치의 양보 없는 두 사람의 대결은 숨 막히는 긴장감을 만들어냅니다.

이 논쟁을 이끌어나가는 사람은 어디까지나 안티고네입니다. 두 사람의 대결은 공평하지 않습니다. 한쪽은 생명과 자유를 빼앗을 수 있는 기소권과 사법권을 동시에 쥐고 있습니다. 다른 한쪽은 오직 신념, 그리고 그것을 뒷받침하는 논리뿐입니다. 안티고네에게 '내 신념이 옳다'는 확신이 없었다면 이루어질 수 없는 논쟁이요, 대결입니다.

「안티고네」는 세 문장으로 요약됩니다.

"법은 법이다. 우리는 법을 지켜야 한다. 그것이 우리를 파멸시킬지라도."

문제는 '신의 법이냐, 인간의 법이냐'입니다.

## 경청과 논리, 그리고 끝까지 설득하려는 자세

안티고네와 크레온, 두 사람의 논쟁 속으로 조금 더 들어가보겠습니다. 이들의 논쟁이 뜨겁게 전개되는 이유는 무엇일까요?

첫 번째 이유는 경청입니다. 두 사람의 대화에는 논점에서 벗어난 말이 한마디도 없습니다. 그만큼 서로의 말을 집중해서 듣고 있다는 뜻입니다. 상대의 말에 귀를 기울여야 제대로 답할 수 있으니까요.

논쟁이 엉뚱한 방향으로 튀지 않으려면 상대방의 말부터 잘 들어야 합니다. 가끔 TV 토론을 보면 답답할 때가 있습니다. 오가는 목소리는 높지만 내용은 같은 자리만 맴돌기 일쑤입니다. 양쪽 모두 상대의 말을 잘 듣지 않기 때문입니다. 눈은 상대방을 바라보지만 머릿속으로는 그의 말을 어떻게 맞받아치면 좋을지 다음 말을 계산하고 있습니다. 머릿속이 그렇게 바쁜데 상대의 말이 귀에 들어올 리 없습니다.

논쟁의 기본은 상대방의 관점을 파악하는 것입니다. 그래야 의미 있는 응답이 가능합니다. 안티고네와 크레온은 서로의 말을 100퍼센트 이해하고 대화합니다. '티키타카'가 맞는 것입니다. 서로 좋은 감정이 아니어도, 서로 대거리를 하는 사이여도 티키타카는 가능합니다. 그건 두 사람이 상대의 말에 귀 기울이며 말하기 때문입니다.

안티고네는 정말 대단합니다. 생각해보면 얼마나 기막힌 상황입니까? 여동생 한 명 빼고 온 가족이 죽었습니다. 세상이 자신을 향해 '저주받은 집안'이라며 손가락질을 하고 있습니다. 왕이 된 외삼촌은 오빠의 시신을 방치해두라고 하더니, 장례를 치렀다는 이유로 자신을 죽이겠다고 합니다. 그럼에도 안티고네는 칼끝이 자신을 향하고 있는 순간조차 잘 듣고 잘 이야기합니다.

두 번째 이유는 안티고네와 크레온이 흥분된 상태에서도 논리로 싸운다는 점입니다. 가슴이 찢어지고 정신을 차리기 힘들 텐데도 안티고네는 감정적으로 대응하지 않습니다. 최대한 논리의 틀을 갖춰서 이야기합니다. 신의 법을 지켜야 하는 이유와 근거를 제시합니다. 개인적 반항심이 아니라 종교적 차원, 윤리적 차원의 문제임을 강조합니다.

크레온도 다르지 않습니다. 그 역시 논리적으로 말하려고 애씁니다. 자신의 포고령이 조국 테바이의 안녕을 위한 것임을 힘주어 말합니다. '실정법 위반을 봐주고 넘어가면 국법 시스템이 붕괴된다'는 논리입니다. 하지만 어쩔 수 없는 걸까요? 그의 한마디 한마디에서 분노와 불쾌함이 물씬 풍깁니다.

두 사람의 논쟁은 마지막을 향해 치닫습니다. 크레온이 "너는 그들과 달리 생각하는 것이 부끄럽지도 않느냐?"라고 묻습니다. 안티고네는 "혈족을 존중하는 것은 결코 수치스런 일이 아니"라고 답합니다. 그다음부터는 크레온이 마치 검사가 되어 안티고네를 상대로 피고인 신문을 하는 듯합니다.

그자와 맞서 싸우다가 전사한 분도 네 혈족이 아니더냐?　　- 115쪽

'그자'는 조국에 외적을 끌어들인 안티고네의 형제 폴리네이케스를, '전사한 분'은 그와 싸우다 죽은 에테오클레스를 가리킵니다. 안티고네가 그렇다고 하자 크레온은 그녀를 몰아붙입니다.

**크레온** 그렇다면 너는 왜 그자에게 호의를 베풀어 그분을 모욕하지?
**안티고네** 세상을 떠나신 분은 그렇다고 시인하지 않을 거예요.
**크레온** 네가 그 불경한 자를 그분과 똑같이 존중하는데도?
**안티고네** 세상을 떠나신 분은 그분의 노예가 아니라 아우예요.
**크레온** 그자는 이 나라를 유린하다가, 그분은 지키다가 전사했다.
**안티고네** 아무튼 하데스는 그런 의식을 요구해요.
**크레온** 그래도 착한 이에게 나쁜 자와 같은 몫이 주어져서는 안 되지.

- 115쪽

이러한 크레온의 발언은 안티고네를 향한 것이지만 논쟁을 지켜보는 테바이 시민들을 향한 것이기도 합니다. 시민들이 상황을 오판하지 않도록 하려는 것입니다.

하지만 안티고네는 크레온의 압박 질문에 조금도 흔들리지 않습니다. '가족을 장사 치르는 것은 신의 법'이라는 자신의 신념을 주저하지 않고 주장합니다. 코너에 몰리면서도 상대방을 끝까지 설득하려는 자세가 돋보입니다. 크레온이 "적(敵)은 죽어도 친구

가 안 되는 법"이라고 규정하자 안티고네가 가슴 서늘한 한마디를 던집니다.

> 나는 서로 미워하기 위해서가 아니라, 서로 사랑하려고 태어났어요.
> 
> -116쪽

안티고네의 마음이 집약된 이 한마디가 저에게는 '인간 선언'으로 들립니다. 미워하기 위해서가 아니라 사랑하려고 태어났다니…. 인간만이 할 수 있는 말 아닌가요? 그러나 크레온은 안티고네의 마음을 받아들일 생각이 없습니다. "사랑해야겠다면 하계로 내려가 사자들을 사랑하라"고 합니다. 매몰찬 그의 고집이 불안해 보입니다.

### 오만한 자기 확신에 빠지면 벌어지는 일들

또 한 가지 흥미로운 것은 안티고네와 크레온의 논쟁 전후로 세 개의 부수적인 논쟁들이 배치되어 있다는 점입니다. 「안티고네」는 ① 안티고네와 여동생 이스메네의 논쟁 → ② 안티고네와 크레온의 논쟁(핵심 논쟁) → ③ 크레온과 아들 하이몬의 논쟁 → ④ 크레온과 예언자 테이레시아스의 논쟁 순으로 이어집니다. 각각의 부수적 논쟁들은 '개인의 양심이냐, 국가의 법이냐'를 다양한 각도에서 조명하면서 핵심 논쟁의 볼륨을 키워갑니다.

　희곡의 첫 장면에 등장하는 안티고네 - 이스메네, 두 자매의 논쟁은 신념의 강도 차이를 보여줍니다. 안티고네가 '오빠를 묻어주겠다'는 결심을 밝히자 이스메네는 현실주의적 태도를 보입니다. 왕의 뜻을 거역할 힘이 없다는 것입니다. 그녀는 언니 안티고네에게 '(장례를 치르더라도) 누구에게도 말하지 말고 비밀로 하자'는 절충안을 제시합니다. 하지만 안티고네는 조금의 타협도 할 생각이 없습니다.

　같은 믿음을 지녔더라도 그 강도의 크기는 사람마다 다릅니다. 안티고네는 '죽는 한이 있어도 원칙을 지켜야 한다'는 입장에 서 있습니다. 이스메네는 원칙을 지키더라도 현실도 고려해야 한다고 합니다. 이스메네 쪽이 일반적인 사람들을 대표한다고 할 수 있습니다. 이런 논쟁에선 원칙론자가 이길 수밖에 없습니다. 그렇다고 이스메네를 비난할 자격까지는 없습니다. 현실주의도 한 사람의 신념임이 분명하니까요.

　안티고네 - 크레온의 핵심 논쟁 직후에 전개되는 크레온 - 하이몬 논쟁은 격렬합니다. 아버지와 아들의 세대 간 충돌입니다. 처음엔 안티고네를 처벌하려는 크레온을 아들 하이몬이 간곡하게 만류합니다. "가장 죄 없는 그녀가 가장 영광스러운 행위 때문에 비참하게 죽어야 하느냐"는 것입니다. 하지만 크레온은 어떤 소리도 들을 마음이 없습니다. 내가 이 나이에 너한테 배워야 하느냐고 역정을 냅니다.

대화는 핑퐁 게임처럼 전개되며 갈수록 거칠어집니다. "그녀가 범법자가 아니란 말이냐?" → "테바이 백성들이 하나같이 그렇지 않다고 말하고 있어요." → "이 나라를 내가 아닌 남의 뜻에 따라 다스려야 한다고?" → "한 사람만의 국가는 국가가 아니지요."

급기야 하이몬은 가부장 권력을 대표하는 아버지를 향해 독설을 퍼붓습니다. "사막에서라면 멋있게 독재하실 수 있을 거"라고요.

하이몬은 "아버지는 다시는 저를 보지 못할 것"이라고 말한 뒤 퇴장합니다. 이들의 논쟁은 감정적 충돌과 고압적 태도, 격렬한 반항으로 이어집니다. 그다지 논리적이지 못한 논쟁은 눈 감고 귀 닫은 권력이 가져올 파국적 결과를 암시합니다.

마지막은 크레온 - 테이레시아스 논쟁입니다. 예언자 테이레시아스는 "지금 그대가 운명의 칼날 위에 서 있음을 알아두라"고 경고합니다. "도시가 병든 건 실수를 고칠 줄 모르는 당신의 탓"이라고 지적합니다. 크레온은 자신의 결심은 흥정의 대상이 아니라고 버티지만 마음이 흔들리기 시작합니다.

크레온의 완고한 모습은 인간의 오만한 자기 확신을 상징합니다. 신념이 오만한 자기 확신이 되면 다른 이들을 힘들게 하고 스스로를 고립시킵니다. 자신과 주위의 모두를 부정적인 상황으로 몰고 갑니다. 안티고네에 이어 아들 하이몬과 예언자 테이레시아스까지 모두 그의 반대편에 섰습니다. 심란해진 그에게 안티고네와 아들 하이몬, 그리고 아내 에우리디케의 죽음이 덮쳐옵니다. 안티고네가 죽자 아들이, 그리고 아내가 차례로 목숨을 끊은 것입니다.

> 보이지 않는 곳으로 데려가다오, 이 못난 인간을! 나는 본의 아니게 너를 죽였구나, 내 아들아. 그리고 당신마저, 여보! 아아, 기구한 내 신세! 어디로 시선을 돌리고, 어디로 향해야 할지 모르겠구나. 내가 손대는 일마다 잘못되고, 감당할 수 없는 운명이 나를 덮쳤구나. -149쪽

크레온은 후회하고 또 후회하지만 이미 늦었습니다. 그의 가장 큰 죄는 논쟁의 상대방을 '형벌 권력'으로 다스리려 했다는 것입니다. 만약 크레온이 안티고네의 신념에 조금만 양보할 수 있었다면, 아니, 자기 생각을 강요하지 않았다면 상황이 달라지지 않았을까요? 「안티고네」는 이렇게 끝을 맺습니다. "오만한 자들의 큰소리는 그 벌로 큰 타격을 받게 되어, 늘그막에 지혜가 무엇인지 알게 해준다"고.

## 신념은 중요한 것을 향하고, '손잡이'가 있어야 한다

우리가 먼저 생각해볼 것은 신념의 내용, 즉 주제입니다. 주제의 크기는 문제되지 않지만, 한 가지 조건이 있습니다. 작더라도

'중요한 것'이어야 합니다. 작은 주제가 어떻게 중요할 수 있느냐고요? 작은 주제도 충분히 의미 부여를 할 수 있다면 중요한 것이 됩니다.

예를 들어, '읽씹(SNS 메시지를 읽고 답하지 않는 것)은 윤리적으로 옳은가'라는 주제는 작아 보입니다. 하지만 디지털 시대의 소통 방식, 인간관계에서의 기대 수준, 개인의 자율권이란 측면에서는 중요한 문제가 될 수 있습니다. 이렇게 작은 소재에서 보다 큰 문제의식을 포착해내는 것은 현상에 대한 세밀한 관찰 없이는 어려운 일입니다. 하지만 어려운 만큼 사람의 마음을 끌어당기는 힘이 있습니다.

「안티고네」에서도 시신을 매장하는 것이 뭐가 그리 대수냐고 할 수도 있습니다. 그런데 그렇지가 않습니다. 고대 그리스에선 사람이 죽은 뒤 땅에 묻히지 못하면 안식을 얻지 못한다고 믿었습니다. 호메로스의 『일리아스』에서 트로이아의 왕 프리아모스가 아킬레우스를 찾아가 아들 헥토르의 시신을 돌려달라고 간청한 것도 그 때문입니다.

주목해야 할 것은 「안티고네」가 주제를 보편적인 것으로 밀어 올렸다는 사실입니다. '가족의 사랑이냐 사회 질서냐', '개인의 양심이냐 정치적 리더십이냐'라는 딜레마가 갖는 힘은 언제 어디서나 유효합니다. 이것이 「안티고네」가 오래도록 사랑받는 이유입니다. 우리는 이렇듯 '중요한 주제를 중요하게 다루는 법'을 배워야 합니다.

또 하나, 잊지 말아야 할 것은 이슈를 제대로 다루려면 '논쟁의 손잡이'가 필요하다는 사실입니다. '논쟁의 손잡이'는 추상적일 수 있는 신념을 구체적인 사례로 보여줌으로써 사회적 논쟁으로 부각시키는 것을 말합니다. '자기 양심에 대한 신념'이 안티고네라는 사람 이야기로 제시되니 더 실감 나게 다가오지 않습니까? 만약 안티고네 없이 이 신념을 이야기한다면 얼마나 지루한 학술 토론이 되었을까요?

마틴 루터 킹 목사가 주도했던 흑인 민권 운동이 1950~60년대 미국을 뒤흔든 이슈가 될 수 있었던 데에도 '논쟁의 손잡이'의 힘이 있었습니다. 그 '손잡이'가 바로 로자 파크스 사건입니다. 이 사건은 1955년 12월 앨라배마주 몽고메리에서 백화점 제봉사로 일하던 흑인 여성 로자 파크스가 퇴근길에 버스 앞좌석에 앉으면서 시작됩니다. 당시 앨라배마주 법에 따르면 흑인은 앞좌석에 앉을 수 없었습니다. 버스 운전사가 파크스에게 뒷좌석으로 옮기라고 하지만 그녀는 이 명령을 거부합니다. 결국 경찰이 출동해 파크스를 체포했고, 킹 목사는 이 사건을 흑인 민권 운동의 결정적 계기로 만듭니다.

루스 베이더 긴즈버그 미국 연방 대법관이 양성평등의 대표 기수로 떠오른 것 역시 '논쟁의 손잡이'를 효과적으로 선택했기 때문입니다. 로스쿨 교수였던 긴즈버그는 공익 사건을 변호하면서 성차별 법률들을 문제 삼기로 마음먹습니다. 그녀가 고민 끝에 택한 '손잡이'는 여자가 아니라는 이유로 부양비 세금 공제 대상에서 제외된 한 남성의 사건이었습니다. 여성뿐 아니라 남성도 성차별의 피해자가 된다는 점에 주목한 긴즈버그는 이 사건을 맡아 승소로 이끕니다. 그 결과, 성별에 따른 합법적 차별이 178개에 이른다는 사실이 공론화됩니다.

신념을 펴는 것도 중요하지만 그 신념을 사람들에게 제대로 전달하기 위해서는 구체적인 사례를 발굴해야 합니다. 그래야 사람들이 관심을 갖고 주목합니다. 당신이 어떤 신념을 사회적 이슈로 전환시키고 싶다면 상징적 사례를 찾는 데 시간과 노력을 들여야 합니다.

## 가슴에 품는 신념이 삶의 서사가 된다

안티고네는 단지 옛 이야기 속 인물만은 아니었습니다. 그녀는 시대를 초월하여 우리 가슴속에 잠들어 있는 그 무언가를 흔들어 깨웁니다. 우리는 그녀에게서 진정한 신념의 본질을 배울 수 있습니다. 신념은 자신이 옳다고 믿는 것을 상황 논리 때문에 저버리지 않는 것입니다. 두려움이나 불편함에 구애받지 않고 잘못된 것은 잘못되었다고 말하는 것입니다.

안티고네는 죽음을 맞습니다. 그렇다고 그녀의 선택이 잘못된 것은 아닙니다. 그녀의 죽음은 「안티고네」를 읽는 사람들에게 깊은 울림을 줍니다. 그녀가 침묵하지 않았기에 우리는 신념과 용기에 대해 생각해볼 수 있습니다.

　신념을 품고 산다는 것은 결코 세상과의 대립을 의미하지 않습니다. 오히려 자신의 확고한 기준을 세우고, 다양한 의견을 경청하며, 끊임없이 자신을 되돌아보는 과정입니다. 건설적인 대화와 토론을 향해 마음을 열어놓는 과정입니다. 내 주장과 다른 생각에도 마음을 열고 근거와 논리를 재정비할 때 문제를 더 입체적으로 볼 수 있습니다. 자신의 신념이 무엇인지 분명하게 이해하게 될 때, 비로소 자기 삶의 진정한 주인이 될 수 있습니다.

　이제 스스로에게 물을 때입니다. 내 가슴을 설레게 하고, 침묵할 수 없게 만드는 가치는 무엇인가? 밀려오는 이슈들 앞에서 흔들리지 않을 신념을 갖기 위해 지금 무엇을 하고 있는가?

　저는 당신이 신념을 갖고 살아가길 바랍니다. 그것은 사회 정의일 수도 있고, 공정한 시스템일 수도 있고, 환경 보호일 수도 있고, 표현의 자유일 수도 있고, 인류 평화일 수도 있습니다. 당신이 중요하다고 생각하는 가치를 명확히 하고, 그 가치를 위해 목소리를 내며, 가치를 실현하려고 노력할 때 당신이 가슴에 품는 신념은 곧 당신 삶의 서사가 됩니다. 당신만의 내러티브가 됩니다.

# 플라톤

실패를 통해 배우는
초보자의 정신

전기가오리는 닿을 만큼 가까이 다가가는 자는
누구든 마비시키는데…
저는 정말로 혼과 입이 마비되어
선생님께 도무지 대답을 할 수가 없어요.

세상이 광속처럼 빠르게 변화하고 있습니다. 자고 일어날 때마다 놀라운 첨단기술들이 우후죽순처럼 생겨납니다. 불안합니다. 잠시만 한눈을 팔면 뒤처질 것 같습니다. '수포자'(수학포기자)에 이어 'AI포자'라는 신조어까지 등장했습니다. 바야흐로 '포기의 시대'입니다. 우리는 언제까지 이렇게 포기하며 살아가야 할까요?

아닙니다. 방법이 있습니다. 의외로 단순합니다. 바로 '초보자의 정신'입니다. 이것은 제가 기자로 일하면서 깨달은 것이기도 합니다.

저 자신에 대해 말씀드리면 기자로 살면서 꽤나 오만했던 것 같습니다. 늘 정신없이 뛰어다니면서 그 바쁜 하루하루가 저의 직업적 능력과 성실성을 증명해준다고 여겼습니다. 그래서 누군가 "왜 기자들이 제대로 못 하느냐?"라고 지적하면 볼멘소리부터 나왔습니다. "이렇게 열심히 사는 직업이 어디 있다고…." 그러나 신문사 밥을 먹은 지 10년이 지나고 20년이 지나고 시간이 쌓이며 조금씩 제가 거대한 착각에 빠져 살아왔다는 깨달음이 왔습니다.

정치부에 갔을 때 저 자신이 유능해 보였습니다. 취재원 다루는 능력이나 기사 쓰는 솜씨가 모두 'A 플러스' 같았죠. 경제부에 가서는 유식해진 느낌이 들었습니다. 복잡한 경제용어와 GDP·금리·환율 같은 거시경제지표에 관한 전문 지식을 뽐내곤 했습니다. 사회부에선 어땠을까요? 저는 제가 취재한 내용이 '100퍼센트 팩트'라고 믿었습니다. 정부 기관의 브리핑을 받고, 목격자들의 증언을 듣고, 관련 문서를 입수하면 그 자체로 팩트라고 여겼습니다.

하지만 '유능', '유식', '팩트'라는 키워드는 사실이 아닐 가능성이 농후합니다. 세상이 그렇게 쉬울 리 없습니다. 저는 그저 TV에 나오는 정치인들이 잘 대우해주는 걸 제가 유능하다 느꼈던 겁니다. 경제 지식이라고 해봤자 10분 정도 이야기하면 바닥을 드러냈습니다. 사회부에서 제가 취재한 내용은 팩트가 아니라 팩트의 한 조각일 뿐이었습니다.

저는 굴절된 렌즈로 세상을 바라봤던 것입니다. 우물 안 개구리처럼 유능하다, 유식하다, 팩트에 자신 있다 으쓱대다가 눈앞에 있는, 중요한 것들을 놓치곤 했습니다. '나는 잘 안다'는 오만에 갇혀 변화의 조짐을 알아차리지 못했습니다.

돌이켜보면, 괜히 아는 척하다가 낭패를 본 적이 많습니다. 취재를 하다가 전문가가 "이 정도는 아시죠?"라고 물으면 잘 모른다고 말하기 싫었습니다. 무슨 내용인지 정확히 몰라도 "그럼요, 알고 있죠" 하고 넘어갔습니다. 그러다 언제부턴가 이래선 안 되겠다는 경각심이 들었습니다. 그래서 접근 방법을 바꿨습니다.

"제가 사실 이 분야를 잘 모르는데요, 기초부터 설명해주시면 좋겠습니다."

처음에는 자존심이 상했지만 결과는 놀라웠습니다. 모른다고 전제하고 취재하니 많은 것들이 눈에 들어왔습니다. 잘못 알고 있던 부분도 기사가 나가기 전에 바로잡을 수 있었습니다. 실패하지 않으려고, 창피하지 않으려고 버둥거리는 것보다 차라리 실패를 통해 배우는 게 낫다는 것을 알게 된 계기였습니다.

고대 그리스의 철학자 플라톤은 '초보자의 정신'을 가지고 실패 앞에서 배움을 멈추지 않을 때 진정한 앎의 세계로 나아갈 수 있다고 우리에게 이야기합니다. 이상주의자이자 원칙주의자, 심지어 교조주의자로 평가되어 온 플라톤이 정말 그렇게 말했느냐고요? 네, 그렇게 말했습니다. 자, 사실인지 확인해보겠습니다.


## 이데아론으로 나아간 징검다리 「메논」

기원전 5세기 아테나이의 명문 집안에서 태어난 플라톤(기원전 428/427년 또는 424/423년~348/347년)은 고대 그리스를 대표하는 철학자입니다. 그의 연구는 형이상학, 정치학, 윤리학 등 다양한 분야에 걸쳐 있었습니다. "플라톤 이후의 서양 철학은 플라톤에 대한 각주"(알프레드 노스 화이트헤드)라는 평가가 있을 정도입니다.

철학자로서 플라톤의 삶은 스승인 소크라테스의 죽음과 함께 시작되었습니다. 기원후 3세기 인물로 추정되는 디오게네스 라에르티오스가 쓴 『유명한 철학자들의 생애와 사상 1』*을 토대로 플라톤에 대해 말씀드리겠습니다.

플라톤이 소크라테스를 처음 만난 것은 그의 나이 스무 살 때였습니다. 그때까지만 해도 그는 작가가 되겠다는 꿈을 품고 있었습니다. 비극 작품으로 경연을 준비하던 어느 날, 아크로폴리스 남쪽에 있는 디오니소스 극장 앞에서 소크라테스의 대화 장면을 목격합니다. 그는 이 만남을 계기로 자신이 써두었던 시를 불사르고 철학의 길로 들어섭니다.

청년 플라톤이 소크라테스를 따르기 시작하던 당시, 아테나이는 펠로폰네소스 전쟁의 후유증으로 극심한 혼란에 빠져 있었습니다. 승전국 스파르테가 세운 '30인 참주정' 시기를 지나 민주정을 회복했지만 정치 보복이 이어졌습니다. 이런 상황 속에서 아

---

* 디오게네스 라에르티오스, 『유명한 철학자들의 생애와 사상 1』, 김주일·김인곤·김재홍·이정호 옮김, 나남출판, 2021년. 플라톤에 관한 내용은 이 책의 3권 플라톤 편(253~332쪽)에 나온다.

테나이 시민들은 공동의 선(善)에 대한 희망을 버리고 소피스트들의 상대주의에 탐닉합니다.

기원전 399년 소크라테스가 사형 선고를 받고 독배를 마신 것도 이런 시대 상황과 무관하지 않습니다. 존경하는 스승이 억울한 죽임을 당하자 청년 플라톤은 크나큰 충격을 받습니다. 플라톤은 자신이 쓴 「파이돈」에 소크라테스의 임종을 지켜본 사람들의 이름을 하나하나 들면서 "플라톤은 아마 몸이 아팠던 것 같다"라는 구절을 써놓습니다. 스승의 마지막 순간을 함께하지 못한 데 대한 회한을 기록으로 남겨둔 것입니다.

조국 아테나이에 실망한 그는 소크라테스의 다른 제자들과 함께 인근 도시인 메가라에 가서 숨어 지냅니다. 이어 현재의 리비아 동부 지역에 있던 그리스 식민도시 키레네를 거쳐 이탈리아, 이집트를 여행합니다. 플라톤이 초기 대화편들의 집필을 시작한 것은 이때입니다.

그렇게 10여 년의 시간을 보낸 그는 시켈리아를 방문합니다. 참주 디오뉘시오스와 대면한 자리에서 플라톤은 참주제에 대해 이렇게 평가합니다.

"더 강한 자가 덕에 있어서도 뛰어나지 않는 한, 더 강한 자의 이익이 그 자체로 이익이지만은 않습니다."

이 말에 화가 난 디오뉘시오스가 "당신은 노망난 이야기를 하고 있다"라고 하자 플라톤은 "당신은 참주 같은 말을 한다"라고 응수합니다. 격분한 디오뉘시오스는 플라톤을 죽이려 했으나 주위에서 말리자 그를 노예로 팔아버립니다. 플라톤은 우여곡절 끝에 구사일생으로 아테나이로 돌아옵니다.

현실 정치에 환멸을 느꼈기 때문일까요? 플라톤은 장기적인 개혁을 위해 교육으로 눈을 돌립니다. 귀국과 함께 철학 학교인 아카데미아를 세운 것입니다. 그리고, 그의 철학도 소크라테스에서 벗어나 이데아론을 본격적으로 세우기 시작합니다.

이데아론은 '완벽한 원형의 세계가 현실 밖에 따로 존재한다'는 사상입니다. 진리나 아름다움, 정의 같은 개념들이 이데아 세계에 완벽한 형태로 존재하고, 현실의 것들은 불완전한 모방품이라는 것입니다. 진정한 지식은 이 이데아를 깨닫는 것이고요. 보편적인 진리를 추구하는 소크라테스의 철학과 파르메니데스의 존재론, 피타고라스학파의 수학적 사고 등 여러 갈래의 철학적 조류가 이데아론에 영향을 미친 것으로 보입니다.

하지만 이데아론에 현실적으로 가장 크게 영향을 미친 것은 시켈리아에서의 경험이었습니다. 플라톤은 시켈리아에서 정치적 혼란과 도덕적 타락을 목격했습니다. 그 경험이 세계의 불완전성과 대비되는 완전한 실재(이데아)를 갈망하게 한 것입니다.

이 이데아론으로 나아가는 디딤돌이 된 대화편이 시켈리아 경험 이후에 쓴 「메논」\*입니다. 배움의 자세를 이야기하는 이 작품의 주연배우는 여전히 소크라테스입니다. 하지만 초기 대화편에

---

\* 플라톤, 『플라톤전집 II』, 천병희 옮김, 도서출판 숲, 2019년

서 강하게 나타났던 그의 존재감은 눈에 띄게 줄어듭니다. 플라톤의 생각이 강하게 반영되고 있는 것과 분명한 대조를 이룹니다. 「메논」의 징검다리를 한 발 한 발 건너보도록 하겠습니다.

## 전기가오리에 감전된 듯한 순간

> 선생님께서는 지금 저를 마술로 호려 말 그대로 꼼짝달싹 못하게 만드시는 것 같아요. 농담을 좀 해도 된다면, 선생님께서는 제가 보기에 외모나 그 밖의 다른 면에서 영락없이 바다에 사는 저 넓적한 전기가오리예요. 전기가오리는 닿을 만큼 가까이 다가가는 자는 누구든 마비시키는데, 선생님께서 제게 그런 짓을 한 것 같으니까요. 저는 정말로 혼과 입이 마비되어 선생님께 도무지 대답을 할 수가 없어요.
>
> — 메논, 145쪽

메논은 그리스 북부 테살리아에 살던 귀족 청년입니다. 지적 호기심이 많았던 그는 아테나이를 방문했을 때 소크라테스와 만나게 됩니다.

소크라테스와 대화 중 메논이 내뱉는 이 말은 우리가 살면서 한 번쯤 경험해보았을 어떤 순간에 관해 이야기하고 있습니다. 자신만만했던 생각이 산산조각 나는 순간, 자기 확신이 파도 앞에 모래성처럼 무너져 내리는 순간, 머릿속이 백지처럼 변해서 어찌할

바 모르는 곤혹스러움의 순간입니다.

  메논은 어쩌다 소크라테스에게 이런 고백을 하게 된 걸까요? 두 사람의 대화는 메논이 "미덕은 배울 수 있는 것이냐"라고 물으면서 시작됩니다. 소크라테스는 "미덕이 배울 수 있는 것인지 아닌지는 고사하고 미덕이라는 것이 대체 무엇인지조차 전혀 모른다"라고 답합니다. 그러면서 메논에게 미덕이 무엇인지 설명해달라고 합니다. 메논은 자신 있게 대답합니다.

> 남자 특유의 미덕이란 나랏일을 처리할 능력이 있고, 나랏일을 처리할 때 친구에게는 이롭게 하고 적에게는 해롭게 하되 자신은 해를 입지 않도록 조심하는 것이지요. (중략) 여자는 살림을 알뜰히 꾸려가며 재산을 보전하고 남편에게 복종해야 해요. 그다음, 여자아이든 남자아이든 아이의 미덕이 있고, 자유민이든 노예든 노인의 미덕도 있지요.
>       - 메논, 127쪽

미덕은 성별이나 연령에 따라 다르다는 게 메논의 주장입니다. 이러한 주장은 소크라테스에게 반박당합니다.

> 비록 미덕은 수도 많고 종류도 다양하지만 모두 동일한 형상을 하고 있어서, 그것에 힘입어 미덕이 미덕이 되는 것이라네. (중략) 자네는 내 말뜻을 모르겠는가?
>       - 메논, 128쪽

대화가 이어지면서 메논은 자신이 당연하다고 믿어온 개념들이 실제로는 확신할 수 없는 것들임을 깨닫게 됩니다. 예를 들면, 메논은 "아름다운 것들을 원하며 그것들을 획득할 능력이 있는 것이 미덕이라고 말하겠다"라고 합니다. 하지만 호락호락하게 고개를 끄덕일 소크라테스가 아니죠. 그는 "아름다운 것을 원하는 사람이란 좋은 것을 원하는 사람"이라며 "불행해지기를 원하지 않는 한 나쁜 것들을 원하는 사람은 없다"라고 지적합니다.

메논이 주장하는 '아름다운 것들을 원한다'는 욕망은 모든 사람에게 공통된 것이므로, '원한다'는 것을 기준으로 미덕이 있는 사람과 미덕이 없는 사람을 나눌 수 없다는 이야기입니다. 소크라테스는 결국 미덕의 부분들을 가지고는 미덕 자체를 설명할 수 없다는 사실을 말하고 있는 것입니다. 메논은 이 지적에 수긍할 수밖에 없습니다.

도저히 벗어날 수 없는 궁지에 몰렸다고 느낀 걸까요? 메논은 백기를 들면서 '전기가오리에 마비된 것 같다'고 절망감을 토로합니다. 메논은 자신이 수많은 기회를 통해 수많은 사람들에게 미덕에 관한 수많은 말을 유창하게 잘했는데, 지금은 미덕이 무엇인지조차 말할 수 없다고 하소연합니다. 그러자 소크라테스는 자신도 메논과 다르지 않다고 이야기합니다.

만약 전기가오리가 스스로 마비되어 있기에 남도 마비시키는 것이라면 나는 전기가오리를 닮았네. 그렇지 않다면 나는 전기가오리를 닮지 않았네. 나는 해답을 알고 있으면서 남을 어리둥절하게 만드는 것이 아니라, 나 자신이 누구보다 어리둥절하기에 남을 어리둥절하게 만들기 때문일세.

―메논, 146쪽

전기가오리에 마비된 상태. 이를 플라톤은 '아포리아(aporia)'라고 말합니다. 아포리아는 그리스어로 '막다른 길' 또는 '길이 없음'이란 뜻으로 난처한 상황이나 당혹감을 가리킵니다. 플라톤은 이 아포리아를 진정한 학습의 출발점으로 본 것입니다. 플라톤에게 있어 메논이 말하는 '혼과 입이 마비된 순간'은 파국이 아니라 새로운 시작입니다.

아포리아가 중요한 이유는 기존의 그릇된 확신이 해체될 때에만 진정한 배움이 시작될 수 있기 때문입니다. 꼼짝달싹 못하게 마비된 상태는 괴롭고 힘들고 답답하지만 반드시 거쳐야 하는 과정입니다. 이렇듯 기존의 확신이 흔들리고 무너져 내려야만 새로운 앎이 시작될 수 있다는 것은 「메논」의 가장 중요한 메시지입니다.

'새는 알에서 나오려고 투쟁한다. 알은 세계이다. 태어나려는 자는 하나의 세계를 깨뜨려야 한다.'*

헤르만 헤세의 『데미안』에 나오는 글귀입니다. 누구나 믿고 살아온 세계가 깨지면 자기 자신도 깨지는 듯한 아픔을 느낄 수밖

---

* 헤르만 헤세, 『데미안』, 전영애 옮김, 민음사, 2000년, 122쪽

에 없습니다. 너무나 당혹스럽고 눈앞이 캄캄할 수밖에 없습니다. 세상을 다 알 것 같았는데, 다시 '초보자'로 살아가야 합니다. 하지만 이런 순간이야말로 성큼 성장할 수 있는 계기가 됩니다. 이 순간이 왔다는 것은 행운인지도 모릅니다.

### 중요한 것은 실패에서 일어나는 용기다

플라톤의 생각이 본격적으로 등장하는 건 지금부터입니다. '전기가오리 대화'가 오간 뒤 소크라테스가 자신도 미덕이 무엇인지 모르지만 함께 탐구하고 싶다고 말합니다. 메논이 진지하게 묻습니다. "선생님께서 그것이 무엇인지 전혀 모르신다면 어떻게 미덕을 탐구할 수 있겠어요?" 뭔가 조금은 알아야 탐구도 가능한 것 아니냐는 이야기입니다. 소크라테스가 대답합니다.

혼은 불멸할뿐더러 거듭 태어나서 이 세상의 것이든 저승의 것이든 모든 것을 다 보았기에 혼이 배우지 못한 것은 아무것도 없네. 따라서 혼이 미덕에 관해서든 그 밖의 다른 모든 것에 관해서든 전에 알았던 것들을 상기할 수 있다는 것은 전혀 놀랄 일이 못 되네. 자연 전체가 동족 간이고 혼은 이미 모든 것을 배워 안다면, 한 가지를 상기(想起)한—사람들은 이것을 '배움'이라 부르지—사람이 그가 용감하고 탐구에 지치지 않는다면 다른 것도 자력으로 찾아내지 못할 이유가 없으니까.
- 메논, 148쪽

'상기'는 지난 일을 돌이켜 생각해낸다는 뜻입니다. 플라톤 철학에서는 인간의 혼이 참된 지식인 이데아에 도달하는 것을 말합니다. 소크라테스는 "탐구와 배움은 사실은 상기 이외의 다른 어떤 것도 아니"라고 강조합니다.

사람은 이미 모든 걸 알고 있다고? 그것을 생각해내는 것뿐이라고? 메논은 소크라테스의 말이 미덥지 않은지 대뜸 증거를 요구합니다. 소크라테스는 메논의 수행원 중 아무나 한 명 불러내라고 합니다. 메논이 노예 소년을 부르자 소크라테스는 그 소년이 상기하는 것 같은지, 아니면 자신한테서 배우는 것 같은지 살펴보라고 합니다.

소크라테스는 막대기로 모래에 정사각형을 그린 뒤 '기하학' 실험을 시작합니다. 그는 소년에게 4제곱푸스인 정사각형의 넓이를 두 배로 만드는 방법을 묻습니다. 소년은 처음엔 각 변의 길이를 두 배로 하면 된다고 말합니다. 소크라테스는 소년과 문답을 통해 그의 답이 틀렸음을 보여줍니다.

하지만 정답을 바로 알려주는 게 아니라 질문을 통해 소년 스스로 깨닫도록 합니다. 정사각형의 대각선을 이용하면 두 배 넓이의 정사각형을 만들 수 있다는 것을 소년 스스로 깨치게 한 것입니다. 자신의 주장이 사실임을 입증한 소크라테스는 메논에게 "이 소년이 자기 의견이 아닌 대답을 한 적이 있는가?"라고 묻습니다. 메논이 소년의 대답은 그 자신의 의견이었다고 하자 소크라테스가 말합니다.

> 만약 실재들의 진리가 언제나 우리 혼 안에 있다면 우리 혼은 불멸할 걸세. 이는 곧 지금 당장 모르는 것이 있다면, 지금 당장 기억나지 않는 것이 있다면, 자신감을 갖고 탐구하고 상기하려고 노력해야 한다는 뜻이 아니겠는가?
> – 메논, 162쪽

'모르는 것은 알 수 없으니 탐구해도 달라지지 않는다'고 생각할 때보다 '모르는 것도 자신감을 갖고 탐구해보자'고 생각할 때 우리는 한 걸음 더 나아갈 수 있습니다. 이것이 '노예 소년' 에피소드의 결론입니다. 소크라테스는 이 결론을 토대로 메논에게 미덕이 무엇인지 공동으로 탐구해보자고 말합니다.

이 실험 과정에서 한 가지 주목할 점이 있습니다. 소크라테스는 소년이 틀린 답을 이야기할 때도 결코 그를 나무라지 않습니다. 오히려 그러한 실패가 정답에 조금 더 가까워지는 과정임을 강조합니다. 그는 메논에게 이렇게 말합니다.

**소크라테스** 자네는 이 소년이 사실은 알지도 못하면서 안다고 생각하는 것을 탐구하거나 배우려 했을 것이라고 생각하는가? 이 소년이 궁지에 빠져서 자기가 모른다는 것을 알고는 알 필요를 느끼기 전에 말일세.

**메논** 소크라테스 선생님, 그는 아마 그렇게 하지 않았겠지요.
**소크라테스** 그렇다면 마비된 것이 그에게 도움이 되었겠구먼?
**메논** 그런 것 같아요.

- 메논, 156~157쪽

'궁지에 빠져 모른다는 사실을 알게 된 순간'이 탐구와 배움의 전환점이 된다는 이야기입니다. 플라톤이 말하려는 진리의 키워드는 '정답이냐, 아니냐'가 아닙니다. 실패에 대응하는 자세입니다. 실패를 배움의 필수 과정으로 받아들이는 자세입니다.

플라톤의 상기설이 말해주듯 우리는 진리를 발견할 수 있는 능력을 지니고 있습니다. 하지만 그 능력을 발휘하기 위해서는 먼저 자신이 알지 못한다는 것을 인정하는 용기가 필요합니다. 그 순간, 우리는 비로소 배울 준비가 된 것입니다.

「메논」은 우리에게 진정한 성장이란 외부에서 무언가를 주입받는 것이 아님을 말해줍니다. 새로운 앎은 누가 누구에게 가르쳐주는 것이 아닙니다. 내면의 지혜를 밖으로 끌어내는 과정입니다. 해답을 모르는 사람들이 대화를 통해 함께 답을 찾아가는 과정입니다. 세상이 빠르게 변한다고 허둥대거나 지레 포기하기보다는 용기 내어 분발해서 능동적으로 찾아 나서야 하는 것입니다.

이러한 「메논」의 메시지는 이데아론의 기본 전제가 됩니다. '진리를 상기할 수 있다'는 것은 '감각 세계의 불완전한 사물들을 보고도 완전한 개념(이데아)을 떠올릴 수 있다'는 추론으로 이어지기 때문입니다. 「메논」은 이렇듯 적극적으로 해답을 찾아보려는 의지가 두드러집니다. 기존의 통념들을 해체하는 데 주력했던 초기 대화편들과 다른 점입니다.

## 이기는 게 대화의 목적이 아니다

소크라테스와 대화를 나누는 메논은 성실한 사람이었던 것 같습니다. 일단 배우려는 자세가 되어 있습니다. 소크라테스의 질문이 이어지자 전기가오리에 마비된 듯한 느낌을 솔직하게 털어놓습니다. 지적이 맞으면 지체 없이 수긍합니다.

전기가오리에 마비된다는 것은 불편한 상황입니다. 그런데도 메논은 소크라테스와의 대화에 저항감 없이 참여합니다. 그는 「메논」에 잠시 등장하는 아뉘토스*와 분명한 차이를 보입니다. 아뉘토스는 소크라테스와 이야기를 나누다 "조심하라고 충고하고 싶다"며 발끈하고 일어나서 가버립니다.

플라톤의 또 다른 대화편인 「고르기아스」**에는 아뉘토스와 비슷한 인물들이 등장합니다. 소피스트 고르기아스의 제자 폴로스와 아테나이의 정치 지망생 칼리클레스입니다. 이 작품에서 소크

---

\* 아뉘토스는 이후 소크라테스를 고발하는 3인 중 한 사람이다. 그의 고발로 소크라테스는 사형 선고를 받는다.

\*\* 플라톤, 『플라톤전집 Ⅲ』, 천병희 옮김, 도서출판 숲, 2019년

라테스는 보편적 진리를 부정하며 수사학 기술을 최고로 여기는 고르기아스를 향해 질문 공세를 펼칩니다. 고르기아스가 조금씩 밀리기 시작하자 폴로스와 칼리클레스도 대화에 끼어듭니다.

특히 칼리클레스는 소크라테스에게 "무슨 궤변을 늘어놓는 것인지 모르겠다"라며 감정적으로 반응합니다. 소크라테스가 논하는 것들에 아무 관심이 없다며 대화에 참여하는 것을 거부하더니 끝내 소크라테스 혼자 토론을 하라고 말합니다.

이러한 칼리클레스의 저항은 단계적으로 심화되어가는 모습을 보입니다. 처음에는 논리적 반박을 시도하다 점차 불만을 토로하고, 결국 집중력을 잃은 채 대화 자체를 회피합니다. 토론 과정에서 자신의 가치관이 반박당할 때 나타나는 심리적 방어기제를 잘 보여주는 장면입니다.

자신이 살아온 방식이나 생각이 근본적인 도전을 받으면 반발하기 마련입니다. 이러한 심리적 저항에 소크라테스는 어떻게 대응할까요? 소크라테스는 '대화는 공동 탐구의 과정'임을 거듭 설명합니다. "사람들은 토론에서 상대방을 이기려고만 한다"라며 고르기아스에게 이렇게 말합니다.

사실 내가 원하는 것은 진실을 밝히는 것뿐인데. 당신이 나와 같은 부류의 분이라면 당신에게 기꺼이 질문을 계속하고 싶지만, 그렇지 않다면 질문하기를 그만두겠습니다. 내가 어떤 부류의 사람이냐고요? 나는 내가 틀린 말을 하면 기꺼이 논박당하고, 남이 틀린 말을 하면 기꺼이 논박하는 그런 부류의 사람이에요. 하지만 논박하는 것보다 논박당하는 것을 더 좋아하지요.      - 고르기아스, 39~40쪽

논박당하는 것을 더 좋아한다는 건 무슨 의미일까요? 논박, 그러니까 논리적으로 반박당하는 것을 잘못된 견해에서 벗어나는 계기로 본다는 뜻입니다. 이 말은 '당신 주장이 옳다면 얼마든지 받아들일 테니, 내 주장이 옳다면 당신도 동의해달라'는 의미이기도 합니다. 소크라테스는 자꾸 저항감을 드러내는 칼리클레스를 다독이며 대화를 계속하려고 애씁니다.

칼리클레스, 점잖고도 솔직하게 논리를 전개해주어서 고맙네. 다른 사람들은 생각은 하면서도 말하려 하지 않는 것들을 자네는 분명하게 말하는구먼. 그래서 부탁인데, 우리가 정말 어떻게 살아야 하는지 오해의 여지없이 명확해지도록 자네는 조금도 늦추지 말게.      - 고르기아스, 113쪽

따지고 보면 칼리클레스와 폴로스는 메논과 같은 상황에 놓여 있습니다. 그들도 자신들의 주장이 논박당하면서 '전기가오리에 마비된' 느낌을 받았을 것입니다. 그것도—메논의 표현에 따르면—전기가오리처럼 생긴 사람으로부터…. 칼리클레스와 폴로스의 격한 반응은 그들이 얼마나 혼란스러운지를 말해줍니다.

그러나 그들은 메논과 달리 진리에 순응하지 않습니다. 자신들

의 확신이 깨진 게 분할 뿐입니다. 플라톤은 이들을 통해 '진리 앞에서는 협업하는 동지가 되어야 한다'는 걸 이야기하고 싶었던 것 같습니다. 진실을 찾고 진리를 향해 나아가기 위해서는 내 마음속 진심을 다해야 함을 절감하게 됩니다. 대화의 목적은 상대방을 이기는 게 아니니까요. 진리를 추구하는 것이니까요.

## 틀리고 실수할 때 답에 더 가까이 간다

플라톤의 작품 중 가장 널리 알려진 것은 『국가』입니다. 『국가』는 올바름(정의)이 무엇인지 논한 뒤 철인왕과 수호자들이 다스리는 이상 사회를 그리면서 독자들에게 물음을 던집니다. "당신은 지금 어디에 있느냐?"고.

플라톤이 우리를 이끄는 곳은 컴컴한 동굴 속입니다. 동굴 안에 사람들이 살고 있습니다. 그들은 어려서부터 목과 다리가 쇠사슬에 묶여 있기에 언제나 같은 곳에 머물러 있습니다. 쇠사슬 때문에 고개를 돌릴 수 없어 시선이 앞쪽으로 고정되어 있습니다. 동굴 입구에서 멀리 떨어진 곳에서 불빛이 동굴 안을 비춥니다. 수감자들은 동굴 벽에 비친 그림자만 볼 수 있습니다. 그런데 이 중 쇠사슬에서 풀려난 누군가가 동굴 밖으로 나와 태양 아래에서 실물 자체를 보게 됩니다.

'동굴'은 무지의 상태를, '쇠사슬'은 편견과 선입관을, '태양'은

'선(善)의 이데아'를 가리킵니다. 먼저 태양을 본 자는, 그러니까 선의 이데아를 확인한 자는 동료들에게 자신이 목격한 사실을 알려야 할 책임이 있습니다.

"동굴로 돌아가서 동료들에게 진실을 알려라."

플라톤은 우리에게 말합니다. 반발과 저항에 부딪힐 수 있지만 그럼에도 그러는 것이 '먼저 본 자가 해야 할 일'이라는 것입니다.

우리도 지금 동굴에 갇혀 있습니다. 동굴 벽에 비친 그림자들이 너무나 혼란스럽게 흔들리고 있습니다. 인터넷부터 모바일, AI까지 디지털 기술의 발전이 우리를 자유롭게 해주지 않습니다. 오히려 속박합니다. 목이 쇠사슬에 묶여 고개를 돌릴 수도 없습니다. 쇠사슬의 이름은 스마트폰입니다.

이런 상황에서 '내가 누구보다 잘 알고 있다'는 확신은 독(毒)이 됩니다. 내가 알고 있는 것은 지나간 과거의 그림자, 즉 통념일 가능성이 큽니다. 오히려 '나는 잘 모른다'는 초보자의 마음이 더 효과적이고 안전할 수 있습니다. 미국에서 성공한 CEO들의 공통점은 항상 초보자처럼 질문하는 것이라고 합니다. 그들은 아는 척하고 잘난 척할 시간에 "이해가 안 되는데 다시 설명해달라"고 요구합니다.

초보자로 산다는 것은 무슨 의미일까요? 그것은 실패에 대한 관점을 근본적으로 바꾼다는 뜻입니다. '내가 왜 이런 실수를 했지?' 하고 창피함을 느끼는 대신, '새로운 상황에서 실패하는 것은 당연하다'고 받아들입니다. '남들이 내 실수를 어떻게 생각할까?' 고민하는 대신, '모른다고 인정하는 것이 더 빨리 배우는 길'이라고 생각합니다. 초보자 마인드를 가진 이들의 학습 곡선이 놀랍도록 가파른 이유는 단순합니다. 질문을 많이 하고, 실수를 빨리 인정하며, 다양한 관점을 수용하고, 도전을 두려워하지 않기 때문입니다.

스스로 전문가라고 생각하는 이들이 모르는 것을 부끄러워하는 반면 초보자는 늘 즐겁습니다. 틀릴 때마다 '아, 이렇게 하면 되는구나!'를 깨닫게 되고, 실수할 때마다 새로운 가능성의 문이 열리니까요. 좌절할 때마다 더 단단해지니까요.

이런 마음가짐은 현대를 살아가는 우리에게 더더욱 필요합니다. 변화의 속도가 빨라질수록, 불확실성이 커질수록 우리는 초보자로 돌아가는 리셋(reset) 버튼을 눌러야 합니다. 기존의 지식과 경험에만 의존하지 말고, 매 순간 새로워지기 위해 노력해야 합니다.

자, 틀릴 때마다, 실수할 때마다, 좌절할 때마다 기뻐합시다. 답에 좀 더 가까워졌다고 즐거워합시다. 그때마다 우리는 조금씩 자유로워집니다. 모르면 안 된다는 강박의 쇠사슬에서, 완벽해야 한다는 조바심의 쇠사슬에서, 이미 늦었다는 절망의 쇠사슬에서.

내일 아침, 새로운 하루를 맞이하며 자신에게 물어보세요.

"오늘은 또 어떤 실수를 통해 배울 수 있을까?"

그 순간, 당신은 이미 동굴 밖으로 걸어 나온 철학자가 됩니다.

언젠가 가톨릭 신자 두 명과 점심을 먹다가 그들이 성당에 나가지 않는다는 얘기가 나왔습니다. 그런데 두 사람 모두 '고해성사'를 이유로 말했습니다. 성당에 다시 나가려면 고해성사를 해야 하는데 왠지 주저된다는 것이었습니다. 아무리 신부님 앞이라도 내 마음을 꺼내 보이는 게 쉽지 않다고 하더군요.

가톨릭 신자는 아니지만 저도 그들과 크게 다르지 않습니다. 저는 오랫동안 자신과의 고해성사, 그러니까 나 자신에 대한 글을 쓰기가 두려웠습니다. 그것은 제가 거울에 비친 제 모습 보기를 별로 좋아하지 않는다는 사실과 정확히 겹칩니다. 제 모습이 꼼짝없이 드러나는 그 순간이 싫습니다.

그래서일 겁니다. 초등학교 고학년이 되면서 일기 쓰기가 점점 힘들어졌습니다. 멋진 표지의 새 다이어리를 살 때마다 느낀 감정은 설렘보다 막막함이었습니다. 첫 장을 펼치면 무언가 결정적인 부분, 제 자신의 어두운 부분을 고백해야만 할 것 같은 강박이 들었습니다. 다이어리는 구입한 그대로, 깨끗한 백지로 남겨졌습니다.

이런 증상은 기자가 되고 나서 더 심해졌습니다. 누군가는 기자는 글 쓰는 직업이니까 일기도 쓸 거라고 생각하겠지만 그렇지 않습니다. 기사는 개인적인 글이 아닌 사회적인 글입니다. 글을 직업적으로 쓰는 사람이 되면서 정작 내 마음속을 들여다보는 글쓰기는 더 힘겨워졌습니다. 마치 요리사가 퇴근 후 집에서 요리하기를 꺼리는 것과 비슷하다고 해야 할까요?

남들이 알면 부끄러운 생각들과 불안함 같은 숨기고 싶은 감정들, 내 안의 어두운 그림자들이 글이라는 창문을 통해 밖으로 튀어나올까 겁이 났습니다. 누군가 그것으로 나를 판단하지 않을까 두려웠습니다. 아니, 내가 나 자신을 어떻게 판단하고 있는지 끄집어 내놓는 것부터 마음이 내키지 않았습니다.

그러다 막다른 골목에서야 저 자신과 맞닥뜨리게 됐습니다. 몇 해 전 『사람에 대한 예의』라는 책을 쓸 때였습니다. 에세이 형식이어서 자신과의 대화를 피하기가 어려웠습니다. 그때도 어떻게 시작해야 할지 엄두가 나지 않았습니다.

기나긴 줄다리기를 끝낸 것은 히말라야 출장의 기억이었습니다. 히말라야 고지대를 오르며 가이드와 셰르파 앞에서 갑(甲)으로 변해간 제 모습이 떠올랐습니다. 내가 그렇게 상황에 따라 변하는 인간이라면 '나 정도면 괜찮은 사람'이라는 생각은 옳은 걸까? 남들이 지켜보니까 그냥 괜찮은 사람인 척 행동해온 건 아닐까? '나는 저들과는 다르다'는 믿음도 따지고 보면 가식이나 위선 같은 게 아닐까? 그때 그 강렬했던 기억이 저 자신과의 대화를 이끌어냈습니다. 글을 쓰면서 내 안의 벽 하나가 허물어지는 기분이 들었습니다.

마르쿠스 아우렐리우스의 『명상록』*에 눈길이 간 건 그 때문이었습니다. 고대 로마의 황제이자 스토아 철학자였던 그는 권력의 정점에 서 있으면서도 조용히 자신과 대화하는 특별한 사람이었습니다. 자신의 가장 연약한 부분까지 여지없이 드러내는 그의 글은 내 안의 두려움에 보내는 위로와 격려의 메시지로 다가왔습니다.

## 감사하는 것이 자기 대화의 출발점인 이유

늦은 밤, 다뉴브의 강가. 한 로마인이 전쟁터 막사에서 촛불 하나에 의지해 자신과의 사투를 벌이고 있습니다. 그는 고귀한 신분이지만 외로움과 고통 속에 살아야 했습니다. 열세 명의 자녀 중 여덟 명을 어린 나이에 잃었습니다. 계속되는 좌절감 속에서도 쉴 새 없이 전쟁터에 나가야 했습니다. 건강도 좋지 않아 자주

---

* 마르쿠스 아우렐리우스, 『명상록』, 천병희 옮김, 도서출판 숲, 2005년

병들었습니다. 그는 자신의 어깨를 짓누르는 권력이 피곤하고 부담스러울 뿐이었습니다. 그는 로마제국의 제16대 황제 마르쿠스 아우렐리우스(121~180년)입니다.

『명상록』은 그가 살아 있던 2세기 당대의 철학자들도, 그의 측근들도 본 적이 없습니다. 4세기에 들어서서야 그 존재가 알려졌다고 합니다. 아우렐리우스 자신만 읽으려고, 자신만을 위해 메모한 글들이었기 때문입니다.

지금 우리가 읽는 12권 체제의 『명상록』은 후세에 정리된 것입니다. 그러므로, 현재의 제1권은 아우렐리우스가 맨 앞에 둔 것이 아니라 후세 편집자들의 집단 지성이 모인 결과로 보입니다. 그런데 그 내용이 너무도 첫머리에 어울립니다. 시작은 이렇습니다.

나의 할아버지 베루스 덕분에 나는 순하고 착한 마음씨를 갖게 되었다. 나의 아버지에 대한 평판과 추억 덕분에 나는 겸손과 남자다운 기백을 갖게 되었다. 나의 어머니 덕분에 나는 경건한 마음과 베푸는 마음, 나쁜 짓만이 아니라 나쁜 생각도 삼가는 마음과 나아가 부자들의 생활 태도를 멀리하는 검소한 생활방식을 갖게 되었다. －19쪽

아우렐리우스는 가족들 덕분에 자신이 순하고 착한 마음씨, 겸손과 기백, 경건한 마음, 베푸는 마음, 삼가는 마음, 검소한 생활방식을 갖게 되었다고 말합니다. 이어 지금의 자신을 만들어준 선

생님들을 한 명 한 명 부르며 감사를 드립니다.

> 개인교사 덕분에 (중략) 검투 경기에서 둥근 방패든 긴 방패든 편들지 않고, 또 힘든 일을 참고 견디고, 적은 것으로 만족하고, 내 일은 내가 하고, 남의 일에 끼어들지 않고, 중상모략에 귀 기울이지 않게 되었다. 디오그네토스 덕분에 나는 쓸데없는 일에 애쓰지 않고, (중략) 루스티쿠스 덕분에 나는 내 성격을 바로잡아 고쳐야 한다는 것을 깨달았고, (이하 생략)
> ─ 19~20쪽

이들은 시작일 뿐입니다. '누구 덕분에…' 시리즈는 계속해서 이어집니다. 아우렐리우스는 왜 '지금의 자신'을 만들어준 이들에게 일일이 고마움을 표시하는 걸까요?

그 이유는 타인에게서 받은 영향을 명확히 인식하는 것이 자신을 객관적으로 바라보는 토대가 되기 때문입니다. 자신의 가치관이 텅 빈 진공 상태에서 형성된 게 아님을 밝힘으로써 자신이 누구이고, 자신의 가치관이 어떻게 세워졌는지를 정리해놓은 것입니다. 더욱이 자신이 빚졌던 '선생님들'에게 감사함을 갖는 자세는 자기중심적인 사고에서 벗어나 자기 자신을 객관화하고 자기 자신과 대화하는 시간으로 나아가게 합니다. 감사하는 마음은 자기 성찰, 즉 자신을 반성하고 살피는 출발점인 것입니다.

무슨 공부를 하든 감사하는 마음은 정말로 중요합니다. 지식이나 지혜를 전해준 이들에게 감사해야 그들의 가르침을 온전히 받아들일 수 있습니다. 하지만 많은 이들이 자기 생각과 다른 주장을 접하면 다짜고짜 비판부터 합니다. '비판적 논리력'을 강조하는 교육을 받다 보니 생긴 습관일까요? 대충 내용만 파악하면, 어떨 때는 제목만 읽고 곧바로 비판 모드로 들어갑니다.

아우렐리우스는 다릅니다. 스승들에게 구체적이고 특별한 감사를 나타냄으로써 자기 자신과의 대화에서 그들이 갖는 의미를 되새깁니다. 그 과정을 통해, 진리를 향해 나아가기에 앞서 엄밀한 자세를 가다듬습니다. 이제, 그는 진정으로 감사했기에 그들을 비판할 자격이 생겼습니다. 진심으로 감사해야 제대로 이해할 수 있고, 제대로 이해해야 비판할 수 있으니까요.

또 한 가지, 가족 바로 다음에 나오는 사람이 '개인교사'라는 점을 주목할 필요가 있습니다. '개인교사'의 이름은 『명상록』에 기록되어 있지 않습니다. 그 개인교사가 노예 신분이었기 때문이란 일부의 추정이 맞다면 아우렐리우스는 노예인 개인교사를 '이름 있는 선생들'보다 먼저 언급하고 있는 것입니다. 자신을 맨 처음 가르쳤던 그 가정교사의 훈육에 감화되었음을 인정한 것입니다.

아우렐리우스는 말합니다. 무명의 개인교사가 '통제할 수 있는 것(내 일)과 통제할 수 없는 것(남의 일)을 구분하고, 외부 상황(검투 경기·중상모략)에 흔들리지 않는 내면의 평정심을 알게 해주었다'고. 하지만 그 개인교사가 소년 아우렐리우스에게 가장 울림 있게 알려준 것은 노예도 자신과 동등한 인간이라는 사실이었을 겁니다.

## 스스로를 "너"로 부르는 '자기 검토'의 시간

날이 새면 너 자신에게 말하라. 오늘 나는 주제넘은 사람, 배은망덕한 사람, 교만한 사람, 음흉한 사람, 시기심 많은 사람, 붙임성 없는 사람도 만나게 되겠지라고. 그들이 이런 결점을 갖게 된 것은 무엇이 나쁘고 좋은지 모르기 때문이다. ㅡ 30쪽

『명상록』은 처음부터 끝까지 자기 자신과 대화를 주고받는 형식으로 쓰여 있습니다. 아우렐리우스는 매우 솔직하게 말합니다. 오늘도 주제넘은 사람, 배은망덕한 사람, 교만한 사람을 만나게 될 거라며 그들에게 넌더리가 나 있음을 고백합니다. 그는 자신에게 잘못을 저지르는 사람 역시 자신과 이성과 신성을 나누어 가졌기에 동족이고, 동족에게 화를 내거나 미워할 수 없다고 스스로를 타이릅니다.

이렇듯 아우렐리우스가 자신과 나누는 대화에서는 그의 마음 풍경이 숨김없이 펼쳐집니다. 그는 우리와 다를 바 없는 사람입니다. 그도 우리처럼 마음에 걸리는 사람은 만나기 싫습니다. 다른 점이 있다면 그는 감정을 글로 승화시켰다는 것입니다. 『명상록』에선 보다 적나라한 모습도 만날 수 있습니다.

아침에 일어나기 싫으면, '나는 인간으로서 할 일을 하기 위하여 일어
난다'고 생각하라. 그 때문에 내가 태어났고, 그 때문에 내가 세상에 나
온 일을 하려는데 아직도 불평을 한단 말인가? 아니면 나는 이불을 덮
고 누워 몸이나 데우려고 만들어졌단 말인가? "하지만 그렇게 하는 게
즐거운걸." 그렇다면 너는 즐거움을 위하여 태어났단 말인가?   - 67쪽

오죽 일어나기 싫었으면 이런 글을 썼을까요? 아침에 이불 속에서 나올까 말까, 고민해보지 않은 사람은 없을 것입니다. 로마 황제도 이랬는데 우리가 일어나기 힘들어하는 건 이해할 만하지 않을까, 슬며시 입가에 웃음을 머금게 됩니다. 하지만 아우렐리우스처럼 아침에 일어나기 싫은 자신을 논리적으로 설득하는 사람은 많지 않을 듯합니다. 참 대단한 황제가 아닐 수 없습니다.

주목할 점은 그가 자신을 '너'라고 부르며 끊임없이 대화를 시도한다는 것입니다. "얼마나 자주 신들이 네게 기회를 주었건만 이를 이용하지 않았는지 상기하라." "네가 화가 나 폭발하더라도 사람들은 아랑곳하지 않고 같은 일을 하고 있을 것이다." "네 인생은 얼마 남지 않았다. 산꼭대기에서 살듯이 살라." 등 계속해서 '너'에게 이야기합니다.

그는 '너'라는 단어를 통해 스토아 철학의 중요한 수행법인 자기 검토(self-examination)를 실행하고 있습니다. '너'를 통해 자신을 객관화합니다. 거리를 두고 자신의 행동과 생각을 관찰하고, 생각하고, 판단합니다. '너는 무엇을 하고 있는가?', '너는 왜 그렇게

생각하는가?' 같은 질문으로 자기 자신을 점검합니다. 그는 자신에게 당부합니다.

> 황제 티를 내거나 궁정 생활에 물들지 않도록 조심하라. 그러기가 쉽기에 하는 말이다. 늘 소박하고, 선하고, 순수하고, 진지하고, 가식 없고, (중략) 맡은 바 의무에 대하여 용감한 사람이 되도록 하라.　- 92쪽

우리는 그에게서 자기 객관화의 자세를 배워야 합니다. 자기 객관화는 스스로를 제3자의 눈으로 바라보는 것을 말합니다. '사회적 거리두기'는 나 자신에 대해서도 필요합니다. 이러한 거리두기 없이는 자신의 진짜 모습을 알아차릴 수 없기 때문입니다.

객관화되지 않은 생각과 감정은 우리를 이리 밀고 저리 당기면서 가만히 놔두지 않습니다. 생각해보세요. 분노가 인다고 그 분노를 모두 밖으로 쏟아내면 우린 그저 그런 분노의 노예, 찌꺼기일 뿐입니다. 그 대신에 '아, 내가 지금 분노를 느끼고 있구나!' 깨달을 수 있다면 그 감정에 휘둘리지 않을 수 있습니다.

그렇다면 자신의 생각과 감정을 객관화하는 방법은 무엇일까요? 네, 그렇습니다. 아우렐리우스처럼 생각과 감정을 최대한 정확한 언어로 적어보는 것입니다. 언어라는 것은 사태를 정리하는 힘이 있으니까요.

이를테면 '나는 지금 화가 나 있어' 정도에서 멈추는 게 아니라 '나는 지금 좌절감을 느끼고 있는데, 그 원인은 무엇일까?'를 생

각해보는 것입니다. '내가 좌절감을 느끼는 것은 기대가 너무 크기 때문이 아닐까?'를 추론해보는 것입니다. 그렇게 생각과 감정이 객관적인 언어로 표현될 때 자신의 상태가 보이고, 잘못된 점이 보이고, 고칠 점이 드러납니다.

다만, 경계해야 할 것은 자기 객관화가 가혹한 자기 비판이 되어서는 안 된다는 점입니다. 자기 객관화는 완벽한 인간이 아니라 더 나은 인간이 되는 과정입니다. 인간은 누구나 실수하는 존재입니다. '왜 말도 안 되는 실수를 했지?', '왜 그런 잘못을 했지?'라고 스스로를 몰아붙여선 안 됩니다. 대신에 '다음엔 같은 실수는 하지 말아야지' 마음먹으면 됩니다.

지고지순한 잣대로, 너무 높은 기준으로 자신을 괴롭힐 이유도, 그럴 필요도 없습니다. 조금씩 차근차근 고쳐나가면 되지요. 그렇게 어제보다 나은 사람이 되겠다는 다짐으로 자기 자신의 '생각'을 '생각'할 때 우리는 '메타인지'의 세계로 나아갈 수 있습니다.

당신이 자신과의 대화를 시도해볼 마음이 있다면 부디 '너'라는 키워드부터 사용해보기를 바랍니다. '너는 왜 그때 그렇게 행동했지?', '너는 그때 왜 그런 말을 했지?'라는 자문(自問)과 '습관적인 분노 때문이었어', '교만 때문이었어', '비겁함 때문이었어'라는 자답(自答)이 만날 때, 자기 검토의 문은 열릴 것입니다.

## 자기 대화가 거쳐야 할 세 가지 단계

그렇다면 자기 대화는 어떻게 해야 할까요? 자신의 행동을 '열심히', '최선을 다해' 반성하면 될까요? 아우렐리우스는 그렇지 않다고 말합니다. 무작정 자책하거나 막연하게 '앞으로 잘해야지…' 각오하는 것만으로는 변화를 이끌어낼 수 없기 때문입니다.

그는 단계적이고 논리적인 방법으로 자신과 대화하고 있습니다. 예를 들면 이런 식입니다.

① 너는 무엇이 불만인가? 인간의 사악함인가? ② 그렇다면 이성적인 동물들은 서로를 위하여 태어났고, 참는 것도 정의의 일부이며, 본의 아니게 인간은 과오를 저지른다는 명제를 상기하라. 이미 얼마나 많은 사람들이 서로 원수가 되어 의심하고 미워하고 싸우다가 결국에는 죽어 한 줌의 재가 되었는지 생각해보라. ③ 이제 그런 불만은 집어치워라.
- 50쪽

① ② ③ 표시는 그의 글에 없습니다. 제가 임의로 넣은 것입니다. 1단계(①)는 머리를 스치는 생각이나 감정을 포착해 언어로 표현해보는 것입니다. "너는 무엇이 불만인가? 인간의 사악함인가?"라는 물음에서 보듯, 막연한 불쾌감을 구체적인 언어로 적어봅니다. 핵심은 명확한 인식입니다. 많은 이들이 자신과의 대화

에 실패하는 이유는 자신이 무엇을 느끼는지, 무엇 때문에 괴로운지조차 분명하게 언어화하지 못하기 때문입니다. 자기 자신을 스스로에게 제대로 설명하지 못하기 때문입니다.

2단계(②)는 그 생각이나 감정이 합리적인지를 분석하는 것입니다. "이성적인 동물들은 서로를 위하여 태어났고"라는 말은 인간 본성에 대한 이해를 나타냅니다. 인간은 본질적으로 사회적 존재로서 서로 돕고 살도록 설계되어 있다는 스토아 철학의 근본 전제와 연결됩니다. "참는 것도 정의의 일부"라는 것은 단순히 화를 참는 것이 아니라 '타인을 이해하고 용서하는 것이 정의로운 행위'라는 관점의 전환을 보여줍니다. "본의 아니게 인간은 과오를 저지른다"는 대목은 인간의 한계에 대한 인식으로 타인의 잘못에 대한 관대함을 갖게 하고요. "이미 얼마나 많은 사람들이 서로 원수가 되어… 한 줌의 재가 되었는지…"라는 역사적 통찰은 현재의 갈등이 얼마나 무의미한지 깨닫게 합니다.

3단계(③)는 1, 2단계의 분석을 바탕으로 합리적인 해결책을 도출하는 것입니다. 반드시 거창할 필요는 없습니다. 논리적 결론에 따라 구체적으로 무엇을 어떻게 해야 하는지 행동 지침을 주면 됩니다. "이제 그런 불만은 집어치워라"는 결론은 얼마나 직설적이고 간단합니까? 이렇게 자신의 생각과 감정을 3단계로 정리하는 방식은 『명상록』 곳곳에서 찾아볼 수 있습니다. 한 문단 더 살펴볼까요?

① 누군가의 몰염치한 행동에 기분이 상할 때마다 ②-① "세상에 몰염치한 자들이 존재하지 않는다는 것이 가능한 일인가?" 하고 너 자신에게 바로 물어보라. 그것은 불가능한 일이다. ③ 그렇다면 불가능한 것을 요구하지 마라. ②-② 이 사람도 반드시 세상에 존재해야 할 몰염치한 자들 가운데 한 명일 뿐이다.

- 154쪽

이 문단은 조금 변형된 방식입니다. 감정을 포착하고(①), 본질을 분석한 뒤(②-①), 해결책을 제시하는 순서(③)를 밟는 것은 동일합니다. 그리고 여기에 본질을 드러내는 문장(②-②)을 한 줄 더 덧붙입니다. 때로는 감정이나 생각 대신 해결책을 먼저 제시하는 등 다양한 스타일로 변형되기도 합니다.

만약 당신이 일상에서 화가 나거나 슬프고 불안하다면 곧바로 반응하는 대신 잠시 멈추는 게 좋습니다. 그리고 스스로에게 '너는 지금 무엇을 느끼고 있는가?'를 물어볼 필요가 있습니다. 그다음에 '이 감정이 합리적인가? 현실에 맞는가?'를 따져보고, 마지막으로 '그렇다면 나는 어떻게 행동해야 하는가?'를 판단하는 것입니다.

### 자기 대화의 엑기스는 주의 깊은 관찰에서 나온다

이렇게 자기 자신과의 대화를 떠받치는 근본적인 힘은 어디에서 나오는 걸까요? 저는 자기 자신과 세상 사람들에 대한 주의 깊은 관찰에서 나온다고 생각합니다. 『명상록』을 보면 아우렐리우스가 사람들을 얼마나 깊이 관찰했는지 알 수 있습니다.

> 사람들은 서로 경멸하면서 서로 아부하고, 서로 능가하기를 바라면서 서로 굽실댄다.
> -181쪽

> 어째서 사람들은 저마다 어느 누구보다 자신을 더 사랑하면서도 자신에 관해서는 남들의 판단보다 자신의 판단을 덜 평가하는지 나는 자주 의아하게 생각했다.
> -193쪽

그는 인간의 행동 이면에 숨은 동기와 패턴을 예리하게 짚어냅니다. "사람들은 서로 경멸하면서 서로 아부"한다는 문장은 인간관계라는 것이 얼마나 복잡하고 모순된 것인지를 깨닫게 합니다. 아우렐리우스가 궁정에서, 거리에서 사람들의 행동을 얼마나 면밀하게 지켜보았는지를 말해줍니다. 사물의 본질을 꿰뚫어보는 그의 관찰은 다소 무겁게 다가오기도 합니다.

> 팔레르누스산(産) 포도주를 보고는 이것은 포도송이의 액즙에 불과하다고 생각하고, 자포(紫袍)를 보고는 이것은 조개의 피에 담갔던 양모에 불과하다고 생각하고, 성교(性交)라는 것도 장기의 마찰과 진액의 발작적인 분비라고 생각하는 것은 얼마나 멋진 발상인가. 그런 생

각은 사물의 본질과 핵심을 건드려 그 사물이 참으로 어떤 것인지 보게 해준다. - 86쪽

겉모습에 현혹되지 않고 사물의 본질을 직시함으로써 고급 포도주나 화려한 의복, 심지어 성적 욕망마저도 허상에 불과할 수 있다는 사실을 드러냅니다. 아우렐리우스는 "사물이 너무 믿음직해 보이거든 옷을 벗겨서 그것의 무가치함을 꿰뚫어보고 그것이 뻐기는 후광을 걷어내야 한다"고 스스로에게 당부합니다. 또한 일상에서 접한 레슬링에서 삶과 비슷한 점을 발견해내기도 합니다.

불의의 공격에 대비하며 꿋꿋이 서 있어야 한다는 점에서, 삶의 기술은 무용의 기술보다는 레슬링의 기술과 더 비슷하다. - 116쪽

아우렐리우스는 자기 자신도 냉철하게 관찰합니다. 그는 "앞으로 아무도 네가 궁정 생활에 대하여 불평하는 소리를 듣지 못하게 하라"면서 "너 자신도 네 말을 듣지 못하게 하라"고 합니다. 또 "원로원에서 말하거나 개인에게 말할 때 적절하고 명료하게 말하라"고 구체적으로 지적합니다.

때로는 자신의 생활에 대해 신랄하게 따져 묻습니다. "이 비참한 삶, 이 불평불만, 이 원숭이 짓거리에 신물이 난다"며, "왜 너는 불안해하는가? 무슨 새로운 것이라도 있는가? 무엇 때문에 안절

부절못하는가? 어떤 원인 때문인가?"라고 묻습니다. 얼마나 낭패스러움을 느꼈길래 황제 자리를 '원숭이 짓거리'라고 한 걸까요?

그런가 하면 "네 안을 들여다보라. 네 안에는 선(善)의 샘이 있고, 그 샘은 네가 늘 퍼내야 늘 솟아오를 수 있다"라는 말로 자신의 선의(善意)에 기대를 걸어보기도 합니다.

원숭이 짓거리를 하기도 하지만 선의 샘이 있는 존재. 그것이 인간입니다. 자기 마음을 정직하게 들여다보지 않았다면 나올 수 없는 문장들입니다. 문학평론가 신형철은 『슬픔을 공부하는 슬픔』에서 이렇게 말합니다. "내가 좋은 사람이 아니라는 것을 깨닫는 순간, 나는 아주 조금 더 좋은 사람이 됩니다." "인간은 무엇보다도 자기 자신에게서 가장 결정적으로 배우고, 자신의 실패와 오류와 과오로부터 가장 처절하게 배운다. 그때 우리는 겨우 변한다."*

남을 잘 관찰하는 것도 중요하지만 자기 자신을 조금 더 주의 깊게 들여다볼 필요가 있습니다. 자신의 생각과 감정은 스스로 가장 잘 알 수 있으니까요. 아우렐리우스만큼은 아닐지라도 자신이 어떤 경우에 화가 나는지, 어떤 경우에 당혹스러워 하는지 알 수 있다면 많은 것이 달라질 수 있습니다.

---

* 신형철, 『슬픔을 공부하는 슬픔』, 한겨레출판, 2018년, 176쪽

## 자신과의 대화는 타인과의 소통으로 이어진다

남에게 의존하고 삶에 필요한 모든 것을 자신 안에 갖고 있지 못한 자는 거지이다.　　　　　　　　　　　　　　　　　　　　　　　－58쪽

기억하는 것도 기억되는 것도 모두 하루살이이다.　　　　　－61쪽

네가 갖고 있지 않은 것들에 대해 마치 벌써 갖고 있는 양 연연해하지 마라.　　　　　　　　　　　　　　　　　　　　　　　　　－109쪽

　하나하나 생각의 해상도가 정말 높지 않나요? 요즘 말로 '뼈를 때리는 것 같다'고나 할까요? 제 생각을 들킨 것 같은 느낌도 듭니다. 로마제국 황제의 개인적 경험에서 우러난 말들임에도 우리가 공감할 수 있는 이유는 그가 구체적이고 개인적 사정들을 증류시켜 핵심만 남겨놓았기 때문입니다. 아우렐리우스는 "불필요한 행동뿐 아니라 불필요한 생각도 버려야 한다"라며 단순함의 가치를 강조합니다.

　그런데 그가 이토록 '뼈 때리는' 문장으로 설득하려는 독자는 누구일까요? 바로 아우렐리우스 자신입니다. 이렇듯 자기 자신과의 대화에 진심일 때 타인과의 대화에도 진심일 수밖에 없습니다. 자기 대화, 자기 성찰을 하는 사람은 다른 이들과의 만남 같은 건 피해야 하는 거 아니냐고요? 아닙니다. 나 자신과 갈고 닦은

진심은 남들과 대화할 때도 우러나오기 마련입니다.

자기에게 성실한 사람은 남에게도 성실합니다. 그는 "인간의 낙은 인간다운 일을 하는 것"이라며, 가장 첫 번째 인간다운 일로 "동족을 호의로 대하는 것"을 꼽습니다. '동족'은 앞서 이야기한 것처럼 '나와 이성과 신성을 나누어 가졌기에 화를 내거나 미워할 수 없는 사람'입니다. 그는 사람들을 대하는 자세를 이렇게 설명합니다.

> 첫째, 네가 사람들과 맺는 관계를 염두에 두되, 우리는 서로를 위하여 태어났다고 생각하라. (중략) 넷째, 너도 많은 잘못을 저지르고 있으며, 다른 사람들과 같은 사람이라는 것을 생각해보라. (중략) 아홉째, 네 호의가 꾸민 것이나 위선이 아니고 진지한 것이라면 누구든 당해낼 적수가 없다.
> - 182~184쪽

특히, 힘든 처지에 놓인 이들에게 손을 내밀되 남이 잘못한 것은 오래 기억하지 말라고 말합니다. "넘어진 자들도 사랑하는 것이 인간의 특징"이며, "남의 과오는 있던 자리에 그대로 내버려두라"고 말이죠.

만약 내가 도움이 필요할 땐 어떻게 해야 할까요? 강인한 정신으로 꿋꿋하게 혼자 일어서야 할까요? 아닙니다. 아우렐리우스는 도움받는 것을 부끄러워하지 말고 도움이 필요할 땐 당당하게 손을 내밀라고 말합니다. 우리는 "성벽을 공격하는 전사처럼 해야 할 의무를 완수해야 하기" 때문입니다.

『명상록』은 자기 대화를 통한 성찰이 자기 완성으로, 다시 자기 완성이 사회적 미덕의 실현으로 이어지는 스토아 철학의 핵심을 보여줍니다. 그렇습니다. 자기 자신과의 대화가 깊고 풍성할수록 타인과 나누는 대화도 의미를 더하게 됩니다. 스스로를 돌아보면서 인간을 이해하게 되고, 진정성의 가치를 깨달으며, 취약함을 드러내는 용기를 배우기 때문입니다.

## 세상의 거친 파도에 버티고 서는 곶(岬)이 되어라

로마 카피톨리노 광장에 있는 마르쿠스 아우렐리우스의 기마상*은 로마제국 때인 2세기 후반에 제작된 것입니다. 이 청동 기마상을 보면 갑옷을 걸치지 않은 시민 복장의 황제가 오른손을 바깥쪽으로 뻗고 있습니다. 이에 대해 상당수 학자들은 '패배한 적에게 베푸는 자비(clementia)의 제스처'로 추정합니다.

그가 『명상록』에서 강조한 '동족을 호의로 대하는 자세'가 적에게도 적용된 것으로 볼 수 있습니다. 실제로 아우렐리우스는 게르만족과의 오랜 전쟁에도 항복한 적들을 관대하게 대했다고 합니다. 항복한 게르만 부족들을 학살하지 않고 로마군에 편입시키

---

* 현재 카피톨리노 광장에 서 있는 기마상은 복제품으로, 진품은 광장 내 미술관에 전시되어 있다.

거나 로마제국 영토의 다른 지역으로 이주시켰다고 합니다.

『명상록』은 우리에게 외부와 내면의 소음을 줄이고 보다 중요한 가치에 집중하라고 말하고 있습니다. 어떻게 살 것인지를 스스로 책임지고 선택하라고 말합니다. 아우렐리우스가 그 상징으로 제시한 것은 바다를 향해 뻗어나온 육지, 즉 곶입니다.

> 파도가 끊임없이 밀려와 부서지는 곶(岬)처럼 되라. 곶은 꿋꿋이 버티고 서서 주위에서 끓어오르는 바닷물을 잠재운다.    - 65쪽

우리도 세상의 거친 파도 속에 곶이 되어 서 있을 수 있을까요? 때로는 흔들리더라도, 때로는 상처받더라도, 그래도 꿋꿋이 서서 다른 이에게 손을 내미는 존재가 될 수 있을까요?

아우렐리우스는 답을 주지 않습니다. 질문을 남겨둡니다. 그가 자신에게 던진 질문들은 우리 모두의 질문임을 이제 알 것 같습니다. 그 물음들 앞에서 각자가 자신의 답을 찾아가야 합니다. 그것이 로마제국 황제가 말하는, 가장 인간다운 일입니다.

# 2부

# 타인을
# 이해하는 마음

# 호메로스

모든 것은
공감에서 시작된다

아킬레우스여!
신을 두려워하고
그대 아버지를 생각해 나를 동정하시오.
내 자식들을 죽인 사람의 얼굴에
손을 내밀고 있으니 말이오.

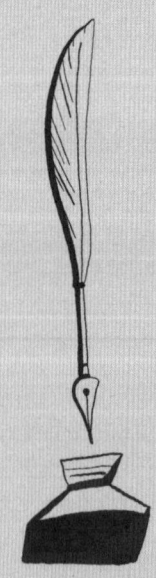

인간이 '이성의 동물'이라고 생각했습니다. 하지만 그건 착각이었습니다. 기자로 살면서 제가 깨달은 사실은 인간이 '감정의 동물'이란 것입니다. 데카르트의 "나는 생각한다. 고로, 존재한다"가 아니라 "나는 느낀다. 고로, 존재한다"에 더 가까울 수도 있습니다.

기자 시절 제가 겪었던 사건사고의 현장은 늘 감정의 쓰나미였습니다. 액션 영화의 추격 장면들처럼 부딪히고 넘어지고 자빠지는 흥분의 도가니였습니다. 이른바 '사실의 전달자'라는 기자들조차 각자의 감정선을 따라 정신없이 내달렸습니다. 특종을 잡으면 마음이 들떴고, 타사에 기사를 놓치면 괴로웠습니다. 기쁨을 향해 질주했지만 대개는 좌절감 속에서 허우적거렸습니다.

글도 다르지 않습니다. 대학 졸업 후 30년간 매일같이 글을 쓰고 읽어온 제가 내린 결론은 이렇습니다. '글쓰기의 핵심은 감정이다.' 논리가 중요하고 이성이 중요한 것 아니냐고요? 네, 맞습니다. 논리와 이성, 정말 중요합니다. 하지만 감정의 마침표가 찍히지 않으면 사람은 움직이지 않습니다. 넷플릭스 시리즈를 밤새 보게 만드는 것은 이성만이 아닙니다. '다음 화를 보지 않고는 견딜 수 없는' 감정의 힘입니다.

최규석 만화가의 웹툰『송곳』에는 이런 대사가 나옵니다.

"밥부터 같이 먹어요. 사람들은 옳은 사람 말 안 들어. 좋은 사람 말을 듣지."

이것이 진실입니다. 머리를 향하는 이성은 겉돌기 마련입니다. 당신도 머리로는 충분히 이해하면서도 가슴으로는 도무지 납득하지 못한 적이 있을 것입니다. '논리적으로는 틀리지 않다. 하지만 그것만으로는 뭔가 석연치 않고 모자라다.' 이렇게 느낀 적이요.

가슴을 향하는 감정은 사람을 움직이는 힘이 있습니다. 특히, 서로 같은 곳을 바라보게 하는 공감 없이 우리는 한 발짝도 옮기기 힘듭니다. 같은 감정을 느낄 수 없다면 의미도, 가치도 부여할 수 없습니다. 그게 우리 인간입니다.

무엇보다 먼저 감정, 그리고 공감에 대해 생각해보았으면 합니다. 감정을 빼면 사람은 피가 돌지 않는 좀비가 됩니다. 다양한 색깔의 감정과 뉘앙스를 구분할 수 있어야 우정이든, 사랑이든, 사회생활이든 제대로 할 수 있습니다.

이제 당신과 함께 감정과 공감의 울창한 숲으로 들어가보려고 합니다. 그 숲속에서 호메로스의 『일리아스』*가 우리를 기다리고 있습니다.

## 왜 『일리아스』를 읽어야 하는가?

『일리아스』는 현존하는 고대 그리스 고전 가운데 가장 오래된 서사시입니다. 트로이아의 왕성(王城) '일리온'에서 유래한 『일리아스』는 그리스와 트로이아의 전쟁을 다루고 있습니다. 기원전 8세기, 시인 호메로스가 지은 것으로 추정됩니다.

호메로스는 기원전 8세기경 활약했던 서사 시인으로 『오디세이아』의 작가로도 알려져 있습니다. 고대 문헌에는 그가 장님이었던 것으로 나오지만, 특정한 사람이 아니고 구전 시인들의 전통이 합쳐진 결과라는 시각도 있습니다. 그럼에도 부정할 수 없는 사실은 그가 서양 문학과 문화에 더할 수 없이 큰 영향을 미쳤다는 것입니다.

당신은 "왜 2,800여 년 전에 쓰인 서사시를 보아야 하느냐?"라고 물을지 모릅니다. 지극히 당연한 질문입니다. 최근의 일을 다룬 작품을 갖고 이야기하면 더 좋을 수 있다는 지적에도 일리가 있습니다. 그럼에도 제가 이 오래된 서사시를 말씀드리는 이유는

---

\* 호메로스, 『일리아스』, 천병희 옮김, 도서출판 숲, 2015년

단 하나입니다. 공감의 중요성을 잘 알려주는 최고의 참고서라고 믿기 때문입니다.

우선 『일리아스』의 줄거리부터 보겠습니다. 이 서사시는 10년 동안 이어진 그리스-트로이아 전쟁의 전부가 아닌, 마지막 해의 50여 일만을 다룹니다. 그래서 트로이아의 왕자 파리스가 스파르테의 왕비 헬레네를 유혹해 트로이아로 데리고 옴으로써 전쟁이 발발하는 과정은 나오지 않습니다. 그리스군이 목마로 트로이아를 함락하는 장면도 나오지 않습니다.

이야기는 주인공인 영웅 아킬레우스의 분노로 시작됩니다. 제1권에서 그는 전쟁이 막바지로 치닫는 상황에서 그리스군의 총사령관인 아가멤논과 다투고 크게 화를 냅니다. 그가 전쟁 파업을 선언하면서 그리스군은 고전을 면치 못합니다.

그러던 중 아킬레우스의 가장 가까운 친구 파트로클로스가 대신 출전해 트로이아의 왕자 헥토르와 싸우다 장렬한 최후를 맞습니다. 이 소식을 들은 아킬레우스는 슬픔에 울부짖으며 복수를 다짐합니다. 그는 전쟁터를 종횡무진하면서 헥토르와 일전을 벌인 끝에 그를 죽입니다.

그래도 분이 풀리지 않는 아킬레우스의 막사에 트로이아의 왕 프리아모스가 찾아옵니다. 그는 아들의 시신을 돌려달라고 눈물로 호소합니다. 뜻밖에도 아킬레우스는 시신을 돌려줍니다. 프리아모스가 트로이아로 돌아가 아들의 장례식을 치르는 것으로 『일리아스』는 막을 내립니다.

이 강렬한 이야기 속에서 아킬레우스는 두 번 분노합니다. 한 번은 자신의 자존심에 상처를 준 자(아가멤논)에 대해서, 다른 한 번은 사랑하는 친구를 죽인 적(헥토르)에 대해서입니다. 그런데 이 과정을 거치며 아킬레우스는 변화합니다. 특히, 프리아모스의 방문은 그가 인간성을 되찾는 결정적 순간이 됩니다. 어떻게 그런 일이 일어날 수 있었을까요?

## 『일리아스』의 중심 감정, 분노의 힘

『일리아스』에서 중심이 되는 감정은 '분노'입니다. 호메로스는 『일리아스』를 시작하자마자 이 사실을 분명하게 밝힙니다.

> 노래하소서, 여신이여! 펠레우스의 아들 아킬레우스의 분노를. 아카이오이족*에게 헤아릴 수 없이 많은 고통을 안겨주었으며 숱한 영웅들의 굳센 혼백을 하데스에게 보내고 그들 자신은 개들과 온갖 새들의 먹이가 되게 한 그 잔혹한 분노를! — 25쪽

호메로스는 자신이 전하려는 모든 일들이 '분노'라는 감정에서 비롯되었음을 선언합니다. 이러한 도입부는 이야기의 전체 분위

---

* 고대 그리스인 전체를 가리키는 용어.

기를 확실하게 잡아주는 장치입니다. 그리고 이렇게 이야기를 이어갑니다.

인간들의 왕인 아트레우스의 아들과 고귀한 아킬레우스가 처음에 서로 다투고 갈라선 그날부터 이렇듯 제우스의 뜻이 이루어졌도다.

― 25쪽

아트레우스의 아들, 즉 아가멤논과 아킬레우스의 대립이 『일리아스』의 출발점임을 말하고 있습니다. 그렇다면 두 사람은 왜 갈라서게 됐을까요? 갈등이 시작된 것은 역병 때문입니다. 아가멤논이 자신의 딸을 돌려달라는 아폴론 신의 사제 크리세스의 간청을 거절하면서 역병이 돈 것입니다.

아킬레우스가 크리세스의 딸을 돌려보낼 것을 요구하자 아가멤논은 "그대의 명예의 선물인 볼이 예쁜 브리세이스를 데려갈 것"이라고 말합니다. 크리세스의 딸 대신 아킬레우스의 여인을 자신이 갖겠다는 것입니다. 이에 아킬레우스는 분노의 언어를 쏟아내면서 파업을 공식 선언합니다.

숱한 사람들이 남자를 죽이는 헥토르의 손에 죽어 쓰러져갈 때 그대는 아무리 마음이 아파도 그들을 구하지 못할 것이오. 그때는 아카이오이족 가운데 가장 훌륭한 자를 털끝만큼도 존중하지 않은 일을 후회하며 그대는 자신의 심장을 쥐어뜯게 될 것이오.

― 37쪽

그의 분노는 그리스군의 잇단 패배로 이어집니다. 최강의 전사인 아킬레우스가 빠진 그리스군은 트로이아군에 밀릴 수밖에 없습니다. 트로이아군이 마침내 바닷가, 그리스군 함선까지 들이닥칩니다. 이때 등장하는 인물이 파트로클로스입니다.

아킬레우스의 시종으로 그와 피를 나눈 형제와 다름없는 파트로클로스는 그리스 병사들의 죽음에 뜨거운 눈물을 흘립니다. 그는 아킬레우스에게 자신이라도 전쟁터로 내보내달라며 특별한 요청을 합니다.

> 그대의 무구들을 내 어깨에 걸치게 해주시오. 혹시 트로이아인들이 내가 그대인 줄 알고 싸움터에서 물러갈는지. 그럴 수 있다면 지칠 대로 지친 아카이오이족의 용맹스러운 아들들이 잠시나마 전쟁에서 숨을 돌릴 수 있을 것이오. ―462쪽

아킬레우스는 고개를 끄덕이며 적들을 몰아내는 즉시 되돌아오라고 말합니다. 하지만 왜 슬픈 예감은 틀리지 않을까요? 파트로클로스는 아킬레우스의 당부를 잊고 트로이아성까지 내달립니다. 그러다 트로이아의 왕자 헥토르의 창에 찔려 목숨을 잃습니다.

이 소식을 들은 아킬레우스의 심정을 『일리아스』는 다음과 같이 묘사합니다.

> 슬픔의 먹구름이 아킬레우스를 덮어버렸다. 그는 두 손으로 검은 먼지를 움켜쥐더니 머리에 뿌려 고운 얼굴을 더럽혔고 검은 재가 그의 향기로운 옷에도 떨어졌다. 그리고 그 자신은 먼지 속에 큰 대자로 드러누워 제 손으로 머리를 쥐어뜯었다.
> 
> -530쪽

얼마나 슬프면 먼지 속에 큰 대(大)자로 드러누웠을까요. 얼마나 원통하면 제 손으로 머리를 쥐어뜯었을까요. 아킬레우스는 "아가멤논에 대한 분노를 잊어버리고 사랑하는 사람을 죽인 헥토르를 만나기 위해 가기로" 합니다.

자, 이제 아킬레우스의 분노는 눈앞의 아가멤논을 넘어 헥토르에게로 향합니다. 분노라고 다 같은 분노가 아닙니다. 개인적 차원의 분노가 집단 차원의 분노로 커집니다. 분노하는 방식도 달라집니다. 아가멤논에 대한 분노가 전투에 나가지 않는 것으로 표현됐다면, 헥토르에 대한 분노는 전투에 나서는 것으로 나타납니다.

그가 전투 준비를 위해 무장했을 때 "그의 이빨에서는 이 가는 소리가 나고, 그의 두 눈은 불길처럼 뻔쩍였으니, 참을 수 없는 슬픔이 그의 가슴속에 깃들었기 때문"이라고 『일리아스』는 전합니다. 이때까지만 해도 『일리아스』는 참혹한 복수극으로 끝날 것만 같습니다.

## 아킬레우스의 눈물: 공감이 지닌 무한한 힘

전쟁터에 나간 아킬레우스는 적군을 무찌르고 트로이아의 왕자 헥토르에게 달려갑니다. 헥토르는 그를 보자 어찌나 떨리는지 달아나기 시작합니다. 아킬레우스는 헥토르를 쏜살같이 뒤쫓아 트로이아성을 세 바퀴나 돕니다. 마침내 마주 선 두 사람이 결투를 벌이지만 헥토르는 아킬레우스의 상대가 되지 못합니다.

헥토르가 숨이 끊어지기 직전 자신의 시신을 트로이아로 돌려보내달라고 하지만 아킬레우스는 그럴 생각이 없습니다. "개 떼와 새 떼가 남김없이 그대를 뜯어먹게 하리라!" 아킬레우스는 헥토르의 시신을 전차에 매달고 말들을 몰아 시신을 모욕합니다.

며칠 후 늦은 밤, 누군가 그리스군의 눈을 피해 아킬레우스의 막사에 들어옵니다. 트로이아의 왕이자 헥토르의 아버지인 프리아모스입니다. 그는 아들의 시신을 돌려달라고 간청하기 위해 목숨을 걸고 적진에 뛰어든 것입니다.

위대한 프리아모스는 그들 몰래 안으로 들어가서는 가까이 다가가 두 손으로 아킬레우스의 무릎을 잡고 자기 아들들을 수없이 죽인, 남자를 죽이는 그 무시무시한 두 손에 입 맞추었다. (중략) 아킬레우스는 신과 같은 프리아모스를 보고 깜짝 놀랐고 다른 사람들도 놀라서 서로 얼굴만 쳐다보았다. 그에게 프리아모스는 이런 말로 애원했다. "신과 같은 아킬레우스여, 그대의 아버지를 생각하시오! 나와 동년배이

며 슬픈 노령의 문턱에 접어든 그대 아버지를."   -700쪽

프리아모스가 아킬레우스의 무릎을 잡고 두 손에 입 맞춘 것은 내 생명을 당신에게 맡기겠다는 뜻입니다. 그런데 그는 왜 아킬레우스에게 그대의 아버지를 생각하라고 했을까요? 프리아모스 자신과 아킬레우스의 아버지 펠레우스를 같은 위치(슬픈 노령의 문턱)에 놓음으로써 공감의 교두보를 확보하기 위해서입니다. 그러고는 아들이 살아 있는 아킬레우스의 아버지와 '트로이아에서 가장 훌륭한 아들들을 낳았건만 그중 한 명도 남지 않은' 자신의 처지를 비교합니다. 자신의 비참한 상황을 호소해 아킬레우스의 연민을 불러일으키고자 한 것입니다.

프리아모스는 "그대에게서 그 애를 돌려받고자 헤아릴 수 없는 몸값을 가지고" 아킬레우스의 막사를 찾아왔다고 말하며 '마지막 한 방'을 날립니다.

아킬레우스여! 신을 두려워하고 그대 아버지를 생각해 나를 동정하시오. 나는 그분보다 동정받아 마땅하오. 나는 세상 어떤 사람도 차마 못할 짓을 하고 있지 않소! 내 자식들을 죽인 사람의 얼굴에 손을 내밀고 있으니 말이오.   -701쪽

프리아모스의 애달픈 호소에 아킬레우스는 어떤 반응을 보였을까요? 그는 "통곡하고픈 욕망"을 느꼈다고 합니다. 노인의 손

을 살며시 한쪽으로 밀어낸 그는 프리아모스와 함께 울기 시작합니다. 『일리아스』는 이렇게 이야기합니다.

> 두 사람 모두 생각에 잠겨 프리아모스는 아킬레우스의 발 앞에 쓰러져 남자를 죽이는 헥토르를 위해 흐느껴 울었고, 아킬레우스는 자신의 아버지를 위해 때로는 파트로클로스를 위해 울었다. 그리하여 그들의 울음소리가 온 집안에 가득 찼다.     -701~702쪽

아킬레우스가 아버지를 위해 우는 이유는 외아들인 자신이 요절할 운명을 타고나서 늙어가는 아버지를 돌봐드리지 못하기 때문입니다. 실컷 울고 난 그의 눈에 '노인(프리아모스)의 흰머리와 흰 수염'이 눈에 들어옵니다. 죽음이라는 운명 앞에 선 인간이란 동질감에 프리아모스를 연민하며 슬픔의 공동체가 된 것입니다. 그는 프리아모스에게 헥토르를 내줄 생각이었다고 말합니다.

이 장면이 특히 감동적인 이유는 죽고 죽이는 전쟁터의 참혹함 속에서도 화해의 가능성을 보여주기 때문입니다. 아킬레우스는 막사 밖으로 나와 헥토르의 시신을 씻기고 기름을 발라주라고 한 뒤 손수 그의 시신을 들어 침상에 누이고 짐수레에 싣습니다. 때로는 한 방울의 눈물이 천 개의 창, 천 개의 방패보다 강합니다. 공감이 지닌 무한한 힘의 증거입니다.

## 설득하지 못할 사람을 설득하는 마법

앞의 장면을 '설득'이란 측면에서 다시 살펴보겠습니다. 프리아모스는 어떻게 바늘 하나 꽂을 틈이 없을 것 같던 아킬레우스의 마음을 움직일 수 있었던 걸까요?

가장 중요한 첫 번째 단추는 공통분모(아킬레우스의 아버지)를 찾아 연민하고 공감할 수 있는 관계를 형성한 것입니다. 공통분모를 찾는 것이 중요한 이유는 서로의 공통점이 마음과 마음을 연결하는 다리가 되어주기 때문입니다. 대뜸 본론으로 들어가는 대신 적대감 없이 대화할 수 있는 관계부터 형성되면 메시지의 수용도는 급격하게 올라갑니다. '저 사람이 무슨 꿍꿍이로 저런 얘기를 하지?' 하는 의구심을 가라앉혀 심리적 마찰을 줄여줍니다.

공감대, 그러니까 감정을 나눌 수 있는 플랫폼이 생기는 것입니다. 공감대를 형성하려면 무엇보다 세심한 접근이 필요합니다. 누군가를 설득하기 위해 먼저 해야 할 일은 상대의 관심사와 고민을 파악하는 것입니다. 이때 잊지 말아야 할 것은 사람들이 공감할 수 있는 감정을 담아야 한다는 점입니다. 사랑이나 두려움, 희망, 좌절 같은 보편적 감정을 전달해야 공감대가 형성됩니다. 대화의 마중물로 현재의 이슈나 트렌드를 선택하는 것도 같은 이유입니다. 서로 머릿속에 공유하고 있는 화제를 가지고 이야기해야 뜻이 잘 통합니다.

그런 다음엔 상대의 관심사와 관련된 자기 자신의 개인적 경험을 이야기합니다. 경험은 구체적이고 진실된 것일수록 좋습니다. 프리아모스가 "나는 참으로 불행한 사람"이라며 자신의 고통스러운 심정을 있는 그대로 고백한 것처럼 말입니다.

개인적 경험을 공유하는 것은 설득력 있는 의사소통에 있어 핵심적 요소입니다. 개인적 경험은 감정적 채널(연결통로)을 만들어 공감을 불러일으킵니다. 실제 겪은 경험은 주장에 신뢰성을 더하고, 복잡하고 추상적인 생각을 쉽게 이해시켜줍니다. 개인적 경험은 오래도록 기억에 남아 메시지의 효과를 키웁니다.

그런데, 제가 프리아모스의 설득에서 이상하게 여긴 부분이 한 대목 있습니다. "그대에게서 그 애를 돌려받고자 헤아릴 수 없는 몸값을 가지고" 찾아왔다고 말하는 대목입니다. 아들의 시신을 돌려달라고 하면서, 그것이 신의 뜻이라면서, 그는 왜 "헤아릴 수 없는 몸값"을 이야기했을까요? 너무 속물적으로 접근하는 것 아닐까요?

생각해보면 프리아모스가 실질적 보상을 제안한 것은 결코 나쁜 선택이 아닙니다. 설득의 가치를 떨어뜨리는 일도 아닙니다. 실질적 보상을 제안하면 양측 모두에게 이익이 되는 상황을 만들어 협력의 가능성을 높일 수 있습니다. 추상적인 논의를 구체적인 행동으로 전환시키는 효과도 있습니다. '물질적인 보상을 이야기하는 것은 순수하지 못하다'는 생각도 어쩌면 우리의 뿌리 깊은 편견인지 모릅니다.

## 또 다른 공감의 명장면, 헥토르와 안드로마케의 이별

『일리아스』에는 공감의 차원에서 반드시 읽어야 할 장면이 하나 더 있습니다. 트로이아의 왕자 헥토르와 그의 아내 안드로마케가 이별하는 장면입니다. 파트로클로스가 헥토르에게 죽기 전, 다시 말해 아킬레우스가 분노해 전쟁에 다시 나서기 전의 상황입니다.

이 장면은 헥토르가 전투를 하다 잠시 트로이아의 도성으로 돌아오면서 시작됩니다. 사랑하는 아내 안드로마케와 어린 아들을 보려고 서둘러 집으로 들어서지만, 집 안 어디에서도 안드로마케는 보이지 않습니다. 이때 안드로마케는 트로이아군이 고전하고 있다는 소식에 애태우다 큰 성탑 위로 올라가 있습니다. 헥토르가 성탑 쪽으로 오자 안드로마케는 그를 향해 달려갑니다. 유모가 그들의 어린 아들 아스티아낙스를 품에 안고 뒤따라옵니다. 안드로마케는 눈물을 흘리며 헥토르의 손을 꼭 잡고 말합니다.

> 당신은 이상한 분이에요. 당신의 그 용기가 당신을 죽일 거예요. 어린 자식과 머지않아 과부가 될 이 불행한 아내가 당신은 가엾지도 않은가봐요. 머지않아 아카이오이족이 모두 덤벼들어 당신을 죽이게 될 테니 말예요. 혹시라도 당신을 잃게 된다면 나는 땅속으로 들어가는 편이 훨씬 나을 거예요. —202~203쪽

안드로마케는 남편에게 자신을 불쌍히 여기고 제발 여기 성탑 위에 머물러 있으라고 애원합니다. 그 장면을 잠깐 상상해봅시다. 무대는 높은 성탑 위입니다. 저 멀리 적군의 진용이 펼쳐져 있고, 그들의 깃발이 바람에 나부낍니다. 언제라도 밀어닥칠 태세입니다. 아내가 남편에게 전쟁터에 나가지 말라고 간절하게 매달립니다. 그녀의 눈에는 남편밖에 보이지 않습니다.

하지만 헥토르는 자신이 죽을 운명임을 알면서도 전쟁터로 다시 나갈 수밖에 없습니다. 그는 싸움터에서 물러선다면 트로이아인들을 볼 낯이 없다고 답합니다. 단순히 사람들의 시선 때문만은 아닙니다.

> 그리고 내 마음도 이를 용납하지 않소. 나는 언제나 용감하게 트로이아인들의 선두 대열에서 싸우며 아버지의 위대한 명성과 나 자신의 명성을 지키도록 배웠기 때문이오. ─204쪽

그러면서도 그는 "프리아모스와 그의 백성들에게 멸망의 날이 오리라는 것"을 예감하고 있습니다. 트로이아인들이 나중에 당하게 될 고통도, 부모 형제들의 고통도, 당신이 당하게 될 고통만큼 내 마음을 아프게 하지는 않는다며 괴로움을 토로합니다.

안드로마케의 여리게 떨리는 목소리와 헥토르의 단호한 목소리가 맞부딪힙니다. 말을 마친 헥토르가 유모에게 안긴 아들을 향해 두 손을 내미는데, 아이가 무장을 한 헥토르의 모습에 놀랐

나 봅니다. 소리를 지르며 유모의 품속으로 파고듭니다. 아이의 그런 모습에 헥토르와 안드로마케가 웃음을 터뜨립니다. 죽음의 그림자가 어른거리는 상황에서도 아이의 귀여운 행동에 웃을 수 있는 게 가족인 걸까요? 전쟁의 공포와 아이의 연약함이 대비 효과를 내며 가슴을 뭉클하게 합니다.

헥토르는 아들에게 입을 맞추고 팔에 안아 어르며 신들에게 기도합니다. "여기 내 아들도 트로이아인들 중에서 뛰어나고, 나처럼 힘이 세어 일리오스를 강력히 다스리게 해달라"고요. 그러는 그의 마음은 얼마나 무거웠을까요. 결국엔 비참한 일들이 일어날 것임을 예감하고 있었으니 말입니다.*

안드로마케는 헥토르에게서 아이를 받아 안고 눈물을 글썽이며 미소 짓습니다. 헥토르도 가엾은 생각에 제발 너무 슬퍼하지 말라고 그녀를 위로합니다.

다시 무시무시한 투구를 집어 들고 전쟁터로 나서는 그의 가슴이 아내에 대한 사랑으로 사무칩니다. 아내는 남편에 대한 사랑으로 그를 붙잡고 싶지만 그러지 못한다는 걸 알고 있습니다. 그녀는 "집을 향해 떠났지만 자꾸만 뒤돌아보며 눈물을 뚝뚝 흘렸다"라고 『일리아스』는 전합니다.

---

* 트로이아가 그리스군에 함락된 뒤 아들 아스티아낙스는 성벽 밖으로 던져져 죽고, 아내 안드로마케는 그리스군에 끌려가 수모를 겪게 된다.

## 적에게 연민을 느끼는 신기한 경험

　이 대목을 읽는 당신은 자신이 겪었던 이별의 장면이 떠오를지 모릅니다. 사랑하는 사람과 헤어질 수밖에 없었던 순간, 가족과 이별해야 했던 순간에 대한 가슴 아픈 기억들이요.

　하지만 헥토르와 안드로마케의 이별은 그 어떤 이별보다 애절합니다. 두 사람에게 죽음의 공포가 드리워져 있기 때문입니다. 이 상황에서 두 개의 마음이 충돌합니다. 의무감과 사랑입니다. 헥토르는 조국에 대한 의무감과 전사로서의 명예를 이야기합니다. 안드로마케는 사랑하는 남편을 잃을 것이란 불안을 호소합니다. 이 두 개의 마음이 평행선을 그리면서 감정을 증폭시켜나갑니다.

　문제는 그들이 서로의 마음을 너무 잘 알고 있다는 것입니다. 헥토르는 아내가 겪게 될 굴욕에 고통을 느낍니다. 안드로마케는 자신을 사랑하지만 죽음을 향해 나아가지 않을 수 없는 남편을 이해합니다. 헥토르는 아들을 위해 기도하면서도 자신이 죽으면 아들 역시 무사하지 못할 것임을 알고 있습니다. 이렇게 사랑과 두려움, 의무감, 참담함 같은 것들이 복잡하게 충돌하고 변주되면서 감정의 깊이는 더욱 깊어집니다.

　우리는 이 장면을 호메로스의 서사시로 접했을 그리스인들의 마음을 떠올릴 필요가 있습니다. 『일리아스』는 그리스군, 특히 아킬레우스를 중심으로 서술된 작품입니다. 그런데 적국인 트로이아의 왕자 헥토르와 안드로마케의 안타까운 이별에 공감하게 됩니다. 그들의 사랑과 고통은 아군과 적군의 경계를 무너뜨립니다. 진정한 비극은 전쟁터에서 죽는 것이 아니라 사랑하는 사람들과 이별하는 것임을 깨닫게 됩니다.

『일리아스』가 대단한 이유는 여기에 있습니다. 독자들은 헥토르와 안드로마케의 이별을 통해 '적들' 역시 사랑에 설레고 이별에 슬퍼하는, 자신들과 같은 '인간'임을 확인하게 됩니다. 그들에게도 소중한 아내가 있고 귀여운 자식이 있다는 사실을, 그 아내와 자식도 각각의 이름과 얼굴을 지닌 사람이란 사실을 마주하게 됩니다. 그들 역시 아이의 모습에 눈물을 글썽이며 웃을 수 있는, 일상을 누리던 존재임을 알게 됩니다.

우리는 정치적 대립과 이해관계의 갈등, 감정의 충돌 속에서 종종 상대방을 '적'으로 인식하고 그들의 사정이나 고충, 감정 따위는 외면하곤 합니다. 상대방이 빨리 눈앞에서 사라져주기를 바라며 그에게도 '안드로마케'와 '아스티아낙스'가 있음을 잊고는 합니다.

그런 우리에게 『일리아스』는 적에게 연민을 느끼는 신기한 경험을 하게 해줍니다. 적에게 동질감을 느끼는 스스로를 발견하고 놀라게 합니다. 저는 이렇게 말하고 싶습니다. 공감은 인간다운 삶을 위해 가장 기본적이고 중요한 능력이라고요.

## '밥을 같이 먹는다'는 것의 의미

『일리아스』를 마무리하면서 감정과 이성은 결코 분리될 수 없음을 말씀드리고 싶습니다. "지금껏 감정의 중요성을 강조해놓고 또 무슨 소리냐?"라고 할 수도 있습니다. 감정이 중요하다고 말한 게 사실입니다. 제가 덧붙여 말씀드리고 싶은 것은 감정과 이성이 동전의 앞뒷면이란 사실입니다. 이성적으로 납득이 되어야 감정이 유지되고, 감정이 뒷받침되어야 합리적 결론이 흔들리지 않습니다. 그것을 우리는 '공감'이라고 부릅니다.

그렇다면 공감은 과연 어디에서 오는 걸까요? 이 글의 서두에서 언급했던 웹툰 『송곳』의 대사 "밥부터 같이 먹어요"를 기억하시나요? 우연의 일치일까요? 『일리아스』에서도 '같이 밥 먹는 일의 중요함'이 쉬지 않고 등장합니다.

아킬레우스가 파트로클로스의 죽음을 계기로 다시 전쟁에 나서기로 하면서 아가멤논과 화해했을 때, 동료인 오디세우스는 "불멸의 청동을 몸에 입고 쉴 새 없이 계속해서 적군과 더 힘차게 싸우기 위해 먹고 마시는 일을 생각해야 한다"라며 그에게 거듭해서 식사를 권합니다. 하지만 아킬레우스는 친구를 잃은 슬픔에 식사 권유를 받아들이지 않습니다.

그런 그도 프리아모스와 만나 헥토르의 시신을 돌려주기로 한 뒤엔 함께 식사할 것을 청합니다. 나중에 그대의 사랑하는 아들을 데려갈 때 그를 위해 울 수 있을 것이라며, "지금은 저녁 먹을 생각"을 하자고 합니다. 함께 식사를 마친 두 사람은 그제야 비로소 서로의 모습에 감탄합니다.

> 그리하여 먹고 마시는 욕망이 충족되었을 때 다르다노스의 후예인 프리아모스는 아킬레우스를 보고 감탄했다. 그가 어찌나 크고 아름다운지 보기에 신과 같았다. 한편 아킬레우스도 다르다노스의 후예인 프리아모스의 고상한 용모와 언변을 보고 듣고 감탄해 마지않았다. -707쪽

서로가 친구를 죽인 나라의 왕이고, 아들의 목숨을 앗아간 적장이지만 인간 대 인간으로서 대면하게 된 것입니다. 그동안 눈에 들어오지 않던 상대의 면모를 발견하게 된 것입니다.

'밥을 같이 먹는다'는 것은 같은 인간임을 확인하는 행위가 아닐까 생각해봅니다. 식사를 함께하는 것처럼 서로 눈을 맞추며 일상을 나눌 때, 상대 역시 인간의 존엄성과 감정을 가진 존재라는 사실을 깨닫게 되는 것 아닐까요? 의미 있는 사람을 만나게 되었을 때 식사를 함께하는 것도 같은 의미 아닐까요?

감정과 이성이 함께 어우러진 공감은 신뢰를 키우고 유대감을 강화해줍니다. 다른 사람의 관점을 이해할 수 있게 해줍니다. 특히, 갈등 상황에서는 상대방이 왜 그런 생각을 하는지 알려고 노력하면서 대화를 생산적으로 이끌어갈 수 있습니다. 자기 자신만 아는 사람에서 자신과 남을 모두 아는 사람, 좀 더 나은 사람이 되는 것입니다.

이 공감의 능력을 키우려면 『일리아스』의 주인공들처럼 나의 감정을 표현하고, 다른 이의 감정에 주의를 기울이며, 공통의 경험을 찾으려 노력해야 합니다. 공감도 훈련이 필요합니다. 일상에서 마주치는 이들을 섣불리 판단하려고 하지 말고 그에게 집중하는 연습을 해야 합니다.

호메로스의 시대부터 오늘날까지 공감은 인간을 인간답게 만드는, 가장 강력한 도구입니다. 아킬레우스의 분노에서 시작된 이 여정을 통해 우리는 소통의 열쇠 하나를 발견했습니다.

그 열쇠는 우리 안에 있습니다. 매일 누군가와 나누는 식사 한 끼 속에, 마주치고 부딪히는 일상의 만남 속에, 상대의 눈을 바라보는 그 순간 속에 있습니다. 트로이아 성벽을 사이에 두고 적으로 만났던 아킬레우스와 프리아모스가 같은 식탁에 앉아 서로를 바라보며 감탄했듯이, 우리도 일상에서 만나는 이들과 그런 감탄의 순간들을 만들어갈 수 있습니다.

누군가와 함께 밥을 먹을 때 한번 생각해보세요. 내 앞에 앉은 이 사람은 어떤 마음으로 하루를 보냈을까? 어떤 것에 기뻐하고 어떤 것에 슬퍼하고 있을까? 그 특별할 것 없는 관심이 세상을 변화시켜 나갑니다. 원칙은 이것입니다. 한 사람, 한 사람씩. 한 끼, 한 끼씩.

# 아리스토텔레스

반드시 성공하는
설득의 법칙

문체는 적절해야지 저속해서도 안 되고
너무 고상해서도 안 된다.
청중의 마음속에 그대가 하려는 연설을 위해
공간을 만들어야 한다.

2016년 한 해는 유난히 길었습니다. 그해 4월 총선에서 과반을 확보하지 못한 여당에 내분이 이어졌고, 여름을 지나면서 불길은 청와대로 옮겨 붙었습니다. 급기야 국정농단 의혹이 불거지면서 박근혜 정부를 집어삼키는 태풍의 눈이 되었습니다.

역사의 수레바퀴가 거칠게 굴러가던 그때, 논설위원이었던 저는 숨 가쁘게 사태를 쫓으며 칼럼을 쓰고 있었습니다. 당시 제게는 그해 봄부터 시작한 작업이 하나 더 있었습니다. 이용훈 코트(이용훈 대법원장 재임 당시의 대법원)를 취재하는 일이었습니다.

제가 이용훈 코트를 주목한 것은 대법원 역사에서 논쟁이 가장 활발하게 전개되던 시기였기 때문입니다. 김영란, 박시환, 김지형, 이홍훈, 전수안. 이들 진보 성향 대법관 다섯 명이 보수 성향 대법관들과 전선을 형성했습니다. 주된 전쟁터는 대법원장을 포함한 대법관 열세 명이 참여하는 전원합의체 재판이었습니다.

'독수리 5남매'로 불리던 대법관 다섯 명은 보수·중도 대법관 여덟 명에게 밀리고만 있지 않았습니다. 8대 5의 구도에서 소수 의견을 낼 때가 많았지만, 중도 보수의 두세 명을 끌어들여 5대 8, 6대 7의 다수 의견을 낼 때도 있었습니다. 대법원은 그만큼 더 진보적인 방향으로 나아갔습니다.

그 과정에서 필요한 무기는 단 하나, 설득이었습니다. 그런데 그 설득이란 것이 결코 쉬운 일은 아니었습니다. 독수리 5남매가 사용할 수 있었던 설득의 무기는 법 논리뿐이었지만 그것만으로는 보수 사법의 아성을 넘기에 역부족일 때가 많았습니다.

"그는 자신과 싸워서 이겨낸 만큼만 나아갈 수 있었고, 이길 수 없을 때는 울면서 철수했다."

독수리 5남매 중 마지막으로 퇴임한 전수안 대법관은 알피니즘(산악등반)의 거장 라인홀트 메스너를 묘사한 김훈 작가의 글로 퇴임의 변을 밝혔습니다. 전 대법관 역시 '자신과 싸워 이겨낸 만큼만' 나아갈 수 있었다는 이야기였습니다. 고민하고 또 고민하며 외로운 진통을 거듭한 끝에 법 논리가 한 뼘 정도 나아가고, 그것이 세상을 바꿔갔던 것입니다.

자신과 어떻게 싸워야 설득하는 능력을 키울 수 있을까요? 설득의 관점에서 논리와 감정은 어떤 관계가 있을까요? 저는 그 해답을 아리스토텔레스의 「수사학」*에서 찾아보고 싶었습니다. 에

---

\* 아리스토텔레스, 『수사학/시학』, 천병희 옮김, 도서출판 숲, 2017년

토스(ethos, 신뢰), 로고스(logos, 논리), 파토스(pathos, 감정). 아리스토텔레스가 말한 세 가지 설득의 원리는 인스타그램과 페이스북, 엑스의 시대에도 변하지 않았습니다.

## 말로 자기를 지키는 것의 중요함

> 몸으로 자기를 지키지 못하는 것은 수치스러운 일이지만 말로 자기를 지키지 못하는 것은 수치스러운 일이 아니라고 생각하는 것은 불합리하다. 몸을 사용하는 것보다는 말을 사용하는 것이 인간에게 더 고유한 특징이기 때문이다.
> ─ 28~29쪽

「수사학」은 이러한 선언과 함께 시작합니다. 「수사학」은 고대 그리스의 철학자 아리스토텔레스(기원전 384~322년)가 쓴 책으로 설득의 기술에 관한 체계적인 분석을 담고 있습니다. 오랜 세월, 서양 수사학과 커뮤니케이션 이론의 기본서로 불리어왔죠. 아리스토텔레스는 논리학과 자연학, 정치학, 문예비평 등에서 독창적인 위업을 남기며 고대 그리스 정신사의 절정을 이룬 인물입니다.

"말로 자기를 지키지 못하는 것은 수치스러운 일"이라는 「수사학」의 지적은 무슨 의미일까요? 이 지적의 전제는 '인간이라면 자기 자신을 지킬 수 있어야 한다'는 것입니다. 몸이든 말이든, 그 무엇으로부터도 자기를 지키지 못하면 인간으로서 나의 존엄성은 무시당하게 됩니다. 아리스토텔레스의 이 선언은 스승들과 자신의 생각이 다르다는 사실을 분명하게 밝히고 있습니다.

아리스토텔레스의 스승은 플라톤이고, 플라톤의 스승은 소크라테스입니다. 소크라테스와 플라톤, 두 사람 모두 수사학을 낮게 평가했습니다. '진리가 중요한 만큼 말로 포장하는 것은 특별한 가치가 없다'는 입장이었습니다. 아리스토텔레스는 '수사학을 부정적으로만 보지 말고 긍정적 활용 방법을 찾아보아야 한다'는 점에서 앞선 두 사람의 철학자와는 완전히 다른 길을 갔습니다.

사실 우리는 말의 가치를 무시할 때가 많습니다. 유교의 영향을 받은 동양권에서는 '말 잘하는 사람'을 경계합니다. 말보다 행동을, 행동보다 인품을 높게 칩니다. 한국에선 특히 "입만 살아가지고", "말이나 못 하면 밉지나 않지"라고 '말'하곤 합니다. 어떤 인물이 해온 말과 실제 생활을 대조하고 비교함으로써 '위선자' 프레임을 씌우기도 합니다.

그러나 말은 단연코 중요합니다. 말은 사람을 살릴 수도, 죽일 수도 있습니다. 소크라테스를 죽인 것도 사람들의 말이었습니다. 물론, 소크라테스가 말로 자기를 지키지 못한 것은 아닙니다. 몸을 지키는 대신 정신을 지켰으니까요. 오히려 더 큰 싸움터에서 승리를 거둔 것입니다.

아리스토텔레스는 '말로 나를 지키는 방법'을 최대한 과학적인 방식으로 파악할 수 있다고 강조합니다. 어디까지나 기술인 만큼 누구나 배우고 익히면 잘할 수 있다는 것입니다. 만약 "연설 실력은 개개인의 능력에 따라 다른 것 아닌가?"라고 아리스토텔레스에게 묻는다면 그는 이렇게 답했을 겁니다. "엔진 후드를 열어봐요. 그 안에 원리가 다 들어가 있어요."

엔진 후드? 그는 「수사학」에서 마치 자동차 정비공*처럼 설득의 메커니즘을 하나하나 분해하고 있습니다. 소피스트들은 '가속 페달을 밟으면 자동차 속도가 빨라진다'고 가르쳤습니다. 그러나 아리스토텔레스는 '가속 페달이 엔진과 어떻게 연결되어 있는지 이해하면 운전을 더 잘할 수 있다'고 말합니다.

## 에토스: 말하는 사람의 캐릭터가 가장 중요하다

아리스토텔레스는 「수사학」의 후드를 열고 세 개의 핵심 엔진을 가리킵니다. 말하는 사람의 성격(에토스), 청중의 감정에 호소하는 능력(파토스), 논리적이고 합리적인 논증(로고스)입니다. 아리스토텔레스는 이 중 에토스가 가장 효과적인 설득 수단이라고 제시합니다.

말하는 사람의 말이 믿음직스럽게 들릴 때 그는 성격을 통해서 설득한

---

* 샘 리스는 "다른 수사학 교사들이 운전 교습 강사였다면 아리스토텔레스는 자동차 정비공인 셈이었다"고 말한다. - 샘 리스, 『레토릭』, 정미나 옮김, 청어람미디어, 2014년

다. 우리는 대체로 매사에 정직한 사람을 더 기꺼이 더 빨리 신뢰하며, 정확성을 기할 수 없고 의견이 엇갈릴 때는 특히 그러하기 때문이다.

-31쪽

저는 그의 설명에 전적으로 동의합니다. 물론 '나는 오로지 논리적 타당성만 놓고 판단한다'는 분도 있을 겁니다. 하지만 저 자신을 돌아봤을 때, 저 역시 논리적으로 판단하기 전에 그 말을 한 사람부터 보는 것 같습니다. 어쩔 수 없이 그 사람부터 눈에 들어옵니다.

사람을 보고 그의 말을 평가하는 것은 편향적이지 않느냐고요? 네, 맞습니다. 메시지와 메신저(전달자)는 구분할 필요가 있습니다. 하지만, 메신저가 이상하면 메시지도 이상하게 보입니다. 메신저의 외모를 이야기하는 게 아닙니다. 그의 태도가 얼마나 신뢰감을 주는가입니다. 그래도 사람(메신저)을 너무 강조하는 것 같아 찜찜하다고요?

아리스토텔레스도 독자의 불안감을 눈치챘는지 한마디 덧붙입니다. "그러나 이런 믿음도 말하는 사람의 말을 통해 생겨나야지, 말하는 사람에게 갖는 선입관을 통해 생겨나서는 안 된다"고요. 이 정도면 그의 주장에 동의할 수 있지 않을까요?

아리스토텔레스는 남을 설득하려는 사람은 '자기 캐릭터'를 분명하고 일관성 있게 보여줘야 한다고 강조합니다. 그래야 상대방이 자신의 말을 들을 때 신뢰하는 마음가짐으로 대할 테니까요.

그러려면 자신의 캐릭터를 상대방에게 어떻게 각인시킬지 고민해야 합니다.

할리우드 영화에는 '고양이를 구하는 순간(Save the Cat Moment)'이라는 장면들이 있습니다. 주인공이 위험한 상황에 놓인 동물을 구하거나 약자를 돕는 등 선한 행동을 하면 관객이 그를 신뢰하게 된다는 것입니다. 그렇게 관객의 호감을 얻어야 주인공에게 공감하고 스토리에 몰입하게 됩니다.*

그러니, 우리는 말하기 전에 말하는 스스로를 돌아보아야 합니다. 행동이 말을 따르지 않는 사람의 말은 아무리 좋아도 빛을 잃습니다. 말과 행동이 완전히 일치할 수는 없지만, 그 간격을 최대한 좁히기 위해 노력해야 합니다. 고양이를 구해야 한다고 하면서 실제로는 고양이를 구하려는 조금의 노력도 기울이지 않는다면 과연 신뢰를 얻을 수 있을까요?

### 로고스: 자신만의 토포스를 미리 정리해놓으라

아리스토텔레스가 말하는 로고스는 '논리와 사실로 설득하는 것'을 말합니다. 예를 들어, 친구에게 OTT 시리즈를 추천한다고

---

\* 블레이크 스나이더, 『Save the Cat!: 흥행하는 영화 시나리오의 8가지 법칙』, 이태선 옮김, 비즈앤비즈, 2014년

생각해봅시다. "이거 진짜 재밌어. 너도 봐봐"라고만 하면 설득력이 떨어집니다. "이 시리즈는 5주 연속 글로벌 1위에, 이번 시즌만 5천만 명이 봤대"라고 하면 어떨까요? 친구가 "오, 그래? 그럼 나도 봐야겠네"라고 말하지 않을까요? 이것이 바로 로고스입니다.

로고스는 일상 곳곳에서 쓰입니다. 뷰티 유튜버가 화장품을 리뷰할 때 사용감만 말하는 것이 아니라 성분 분석과 피부 타입별 테스트 결과, 지속 시간 등 객관적 데이터를 제시하는 것이 로고스입니다. 취업 면접 때도 다르지 않습니다. "저는 매우 성실합니다"라고 말하는 것보다 과거 대학생이나 인턴 때의 구체적인 성과를 이야기하는 것이 귀를 더 솔깃하게 만듭니다.

아리스토텔레스는 로고스를 설명하면서 연설의 종류를 세 가지로 제시하는데요, 바로 심의용 연설, 법정용 연설, 과시용 연설입니다. 심의용 연설은 미래의 일을 두고 "우리가 앞으로 이렇게 하는 게 좋지 않을까?"(유익/해악)라고 설득하는 것을 말합니다. 법정용 연설은 과거의 일을 두고 "그때 그렇게 한 것은 옳은 걸까?"(정의/부정의)를 따지는 것입니다. 과시용 연설은 어떤 사람이나 일에 대해 "그 사람 정말 대단하다"거나 "그 일은 심각한 문제"(아름다움/추함)라고 평가하는 것을 말합니다.

아리스토텔레스는 이렇게 연설을 분류한 뒤 '토포스(Topos)'를 설명하고 있습니다. 토포스는 자주 쓰는 논증 패턴, 그러니까 제 방식으로 말씀드리면 '설득을 위한 논리적 틀'이라고 할 수 있습니다. 예컨대 '작은 집도 관리하기 힘든데, 큰 집은 더 관리하기 어렵다'(더 큰 것 - 더 작은 것 토포스), '환경오염이 심해지면 생태계가 파괴될 것이다'(원인 - 결과 토포스), '경쟁사는 AI를 도입했는데, 우리만 가만히 있으면 뒤처진다'(대비 토포스) 같은 것들입니다.

이런 토포스들을 가지고 있으면 어떤 상황에서든 유용하게 사용할 수 있습니다. 집 수리 기술자가 망치와 드라이버, 각종 못을 공구 가방에 넣고 다니는 것과 같습니다. 논증에서도 이런 도구들을 사전에 잘 정리해둬야 필요할 때 바로 꺼내 쓸 수 있습니다.

그렇다면 아리스토텔레스가 제안하는 토포스는 어떤 것들일까요? 심의용 연설을 위한 토포스는 '행복한 노년이란 고통 없이 천천히 늙는 것이다', '같은 것이 양쪽 적대자 모두에게 유익하지 말라는 법은 없다', '다수가 선택하는 것이 소수가 선택하는 것보다 더 좋다' 같은 것들입니다. 정치 연설에서는 '각 정치체제의 목표는 민주정은 자유, 과두정은 부(富), 귀족정은 교육과 법, 참주정은 참주 자신의 보호'라는 토포스가 대표적입니다. 법정용 연설에서는 '인색한 자는 돈 때문에, 방종한 자는 쾌락 때문에, 야심가는 명예 때문에, 어리석은 자는 올바름과 불의를 혼동하기 때문에 불의를 저지른다'는 토포스가 활용됩니다. 과시용 연설에서는 '미덕은 올바름, 용기, 절제, 통 큼, 호방함, 후함, 온유함, 실천적 지혜, 사변적 지혜로 구성된다'는 토포스가 쓰입니다.

이러한 토포스들을 보며 우리도 평소에 토포스를 쟁여놓아야 함을 깨닫게 됩니다. 관심 있는 주제나 현안에 대해 '나만의 토포스'를 모아두면 글쓰기나 논술시험, 면접은 물론이고 일상 대화에서도 효과적으로 활용할 수 있습니다. 자신만의 토포스가 정리되어 있지 않다면? 그냥 상황에 따라, 느낌 가는 대로 말할 수밖에 없습니다.

제가 썼던 칼럼들을 돌아보면 저에게도 나름의 토포스가 있었습니다. 이를테면 '잘못했으면 스스로 반성해야 하고, 부끄러운 일을 했으면 부끄러워할 줄 알아야 한다', '자기 책임을 회피함으로써 사태를 더 악화시키고 있다', '사회문제는 어느 한 사람의 개인이 아니라 공동체가 해결해야 할 과제다' 같은 것들입니다. 평소 품었던 생각들이 토포스가 되었던 것인데요, 그런 토포스는 누구에게나 있을 것입니다. 차이가 있다면 문장으로 정리되었느냐, 정리되지 않았느냐 정도가 아닐까요?

아리스토텔레스가 쾌락과 고통의 영향, 범죄 심리, 법률 등에 관한 토포스들을 정리해놓은 것도 같은 취지입니다.

> 강요되지 않은 것 역시 즐겁다. 강요는 부자연스러운 것이니까. 따라서 강요된 것은 괴롭고, "모든 강요된 행위는 당연히 불쾌하다"는 말은 옳다.
> — 91쪽

> 화를 내는 것도 즐거운 것이다. 호메로스는 분노에 관해 이렇게 말한다. 분노란 똑똑 떨어지는 꿀보다 달콤하다. (중략) 대부분의 욕구에도 어떤 즐거움이 수반된다.
> — 93쪽

조심하고 경계하는 대신 남을 곧잘 믿는 자들도 범행 대상이다. (중략) 안일한 자들도 마찬가지이다. 범죄자를 고소하는 것은 성가신 일이니까. (중략) 모함당한 적이 있거나 쉽게 모함당할 수 있는 자들도 마찬가지이다. 그런 자들은 재판관이 두려워 고소할 생각도 없고 고소하더라도 재판관을 설득할 수 없기 때문이다. 미움 받거나 인망이 없는 자들이 이 부류에 속한다.                           - 102~103쪽

이러한 토포스들은 인간 본성과 행동 패턴에 대한 아리스토텔레스의 통찰을 보여줍니다. '어떤 특정한 조건이 특정한 결과로 이어진다'는 인과관계를 가지고 설득의 도구로 활용할 수 있는 일반 원칙들입니다.

## 논증의 방법: 아마추어가 더 설득력 있는 이유

아리스토텔레스는 「수사학」에서 모든 연설에 공통적으로 활용할 수 있는 논증 방법을 소개합니다. 토포스가 논증에 사용할 소프트웨어라면 논증 방법들은 하드웨어에 가깝습니다. 그중 하나를 예로 들면 다음과 같습니다.

우리는 너무 멀리 떨어진 전제에서 결론을 이끌어내도 안 되고, 논의의 모든 단계를 결론에 포함시켜도 안 된다. 첫째, 논의가 길어지면 논

머 '△△초등학교' 정문 앞에 선다. 4분33초. 다시 빌라로 돌아와 이번에 '△△동 주민센터'까지 걷는다. 오르막길을 330여m 남짓 가자 왼편으로 붉은색 벽돌 건물이 나타난다. 7분25초.*

몇 분이면 되는 짧은 거리에 있던 학교와 주민센터에선 왜 아이의 안전을 확인하지 않았는지를 묻는 칼럼이었습니다. 저는 이 글을 떠올릴 때마다 디테일이 얼마나 중요한지 생각해보곤 합니다.

### 파토스: 감정이 바뀌면 판단도 달라진다

「수사학」에서 더욱 놀라운 부분은 파토스입니다. 인간의 감정을 치밀하게 파헤친 아리스토텔레스의 통찰력은 경탄을 자아냅니다. 감정을 그렇게 깊이 분석한 사례는 보기 드뭅니다.

그가 감정을 중요시한 이유는 딱 하나입니다. 청중의 심리 상태에 따라 연설의 효과가 달라지기 때문입니다. 그는 "사람들이 누군가를 사랑하고 마음이 차분할 때는 생각이 한결같다. 하지만 화가 나고 적대감을 느낄 때는 사물들을 전혀 다르게 보거나 같은 것이라도 다른 강도로 느낀다"라고 말합니다. 그래서 감정을

---

\* '7분이면 아이 살릴 수 있었다', 중앙일보, 2016. 1. 19.

"사람들이 판단과 관련해 의견을 바꾸게 하는 모든 느낌"이라고 정의합니다.

첫 번째로 다루는 감정은 '분노'입니다. 아리스토텔레스는 분노를 "자신이나 친구가 이유 없이 멸시당한 것을 복수하고 싶어 하는, 고통이 뒤따르는 욕구"라고 설명합니다. 또 분노는 인류 전체가 아니라 특정한 개인을 향하고, "언젠가 복수할 수 있을 것이란 즐거움이 수반된다"라고 합니다.

사람이 분노하는 원인 중에는 모욕이 있는데 "모욕하는 사람이 쾌감을 느끼는 것은 남을 학대할 때 우월감을 느끼기 때문"이라고 지적합니다. 『일리아스』에서 아킬레우스가 아가멤논에게 분노한 것도 그가 자신을 모욕했기 때문입니다. 더구나 아킬레우스 자신이 신분이나 능력, 미덕 등 모든 면에서 훨씬 우월하다고 여겼기에 분노할 수밖에 없었다는 것이 아리스토텔레스의 지적입니다. 그렇다면 우리는 또 언제 분노하게 될까요?

> 사람들은 자신에게 악담하거나 자신들이 가장 중요시하는 것을 무시하는 자들에게 분노한다. (중략) 사람들은 자신들이 그런 자질을 완전히 또는 충분히 가지고 있지 않다고 의심하거나, 자신들이 그런 자질을 가진다고 남이 생각하지 않을 때 특히 분노한다. ㅡ133쪽

자신의 자질이 탁월하다고 확신할 때는 야유를 받아도 무시할 수 있다고 아리스토텔레스는 지적합니다. 또한 '우리에게 고통을

주고도 알지 못할 자들에게', '나쁜 소식을 전하는 자들에게', '우리는 진담을 하는데 농담으로 대꾸하는 자들에게' 분노합니다.

저는 특히 '나쁜 소식을 전하는 자들에게 분노한다'는 대목에서 "유레카!"를 외칠 뻔했습니다. 기업에서는 프로젝트의 실패 가능성을 경고한 임직원들이 불이익을 받는 '메신저 살해(shooting the messenger)' 현상이 있다고 합니다. 의료 현장에서 의사가 부정적인 진단 결과를 전할 때 환자나 가족이 일시적으로 의사에게 분노를 표출하는 것도 비슷한 사례입니다.

그러고 보니 저 역시 인사를 앞두고 제가 원치 않는 부서로 갈 것이란 이야기를 전해준 선배가 야속하게 느껴졌던 기억이 있습니다. 생각해보면 그 선배 잘못이 아닌데도 실망감이 그에게 투사되었던 듯합니다. 나쁜 소식을 들으면 그게 사실이더라도 일단 기분이 나빠지는 게 인간의 본능인가 봅니다.

아리스토텔레스는 "연설가는 청중을 분노하게 만들되, 자신의 상대방이 사람들이 분노하는 일에 책임이 있다는 것을 보여주어야 한다"라고 말합니다. 즉, 분노가 상대방을 향하게 해야 한다는 것입니다. 분노에 대한 모든 설명이 '상대방'을 향한 것이었다니…. 조금 섬찟하지 않나요?

분노에 이어 여러 가지 빛깔의 다른 감정들을 다룹니다. 온유함, 적개심, 두려움, 자신감, 수치심, 호의, 연민…. 각 감정의 원인과 심리적 작동 방식, 사회적 맥락, 수사학적 활용법을 자세하게 설명합니다. 하나같이 날카로운 분석들이지만 특히 눈길을 끄는 문장 하나를 옮겨보겠습니다.

> 안면이 있는 자들 앞에서는 실제로 수치스러운 것에 수치심을 느끼고, 안면이 없는 자들 앞에서는 관습적으로 수치스러운 것에 수치심을 느낀다. ─155쪽

가까운 이들 앞에서는 우리의 진짜 가치관에 따라 수치심을 느끼고, 모르는 이들 앞에서는 사회적 규범에 따라 수치심을 느낀다는 것입니다. 인간의 심리적 메커니즘을 정말 정확하게 포착하고 있지 않나요? 우리가 평소 인식하지 못하는 인간관계와 수치심의 작용 방식을 선명하게 보여줍니다. 특히 친밀한 관계와 표면적 관계라는 두 층위가 어떻게 다른지를 보여준다는 점에서 인간관계를 CT로 스캔한 듯합니다. 그뿐이 아닙니다.

> 청중을 진정시키고 싶으면 (중략) 그들이 분개하는 자들을 두려운 자들, 존경스러운 자들, 호의를 베푼 자들, 본의 아니게 행동한 자들 또는 자신의 행위 때문에 지나치게 고통당한 자들로 그려야 한다. ─139쪽

> 두려움을 느끼려면 고통에서 살아남을 수 있으리라는 희망이 있어야 한다. 그 증거로 두려움은 무엇을 할 수 있을지 사람들이 숙고하게 만들지만 희망이 없는 것은 아무도 숙고하지 않는다. ─148쪽

한마디 한마디에서 아리스토텔레스의 수사학이 단순한 테크닉 수준을 넘어섰음을 실감하게 됩니다. 수사학을 넘어 인간학의 경지입니다. 아니, 수사학 자체가 곧 인간학인지도 모르겠습니다. 수사학도, 논증도, 설득도 사람과 사람 사이에서 나올 수밖에 없으니까요.

### 이색적이면서 자연스럽게, 균형과 은유의 말하기

이어서 아리스토텔레스는 생각을 전달하는 방법인 문체 이야기로 넘어갑니다. 현실에서 어떤 말을 꺼내려고 하면 버퍼링이 일 때가 많습니다. 제대로 표현되지 않으면 아무리 좋은 생각도 물거품이 되고 말지요. 아리스토텔레스가 제시하는 문체의 가장 중요한 조건은 '명료함'과 '적절함'입니다.

> 문체의 미덕은 명료성이라고 하자. 연설은 그 뜻하는 바가 분명하지 못하면 제 기능을 다하지 못한다는 사실이 이를 입증한다. 또한 문체는 적절해야지 저속해서도 안 되고 너무 고상해서도 안 된다. ─250쪽

그렇다면 어떻게 해야 '명료하면서 적절하다'고 할 수 있을까요? 아리스토텔레스는 "평범에서 벗어나야 문체를 고상하게 만들 수 있다"라며, "따라서 우리가 하는 말이 이색적으로 들리게 해

야 한다"라고 강조합니다. 그러면서 그는 "작가는 기술을 숨기고 자기는 기교를 부리는 것이 아니라 자연스럽게 말한다는 인상을 주어야 한다"라고 덧붙입니다.

이 두 개의 말은 언뜻 모순되는 이야기로 들립니다. '이색적인 것'과 '자연스러운 것'은 분명 다르기 때문입니다.

제 생각에 아리스토텔레스가 말하고자 한 것은 이색적인 것과 자연스러운 것, 그 '사이'를 가리키는 뜻인 듯합니다. 사실, 말하기와 글쓰기 자체가 '사이'에 있는 것입니다. 말하는 사람과 듣는 사람 사이, 쓰는 사람과 읽는 사람 사이, 입과 귀 사이, 손과 눈 사이에 있습니다. 중요한 것은 그 '사이'에서 균형을 잡는 일입니다.

아리스토텔레스는 균형을 잡는 방법을 이야기합니다. "일상어에서 낱말을 골라 쓰고", "낯선 것과 복합어와 신조어는 드물게 간간이 사용해야" 하며, "일상적 어휘와 적절한 어휘, 그리고 은유적 표현만 사용해야 한다"라는 것입니다. 특히 은유는 "문체에 명료성과 즐거움과 이색적 분위기를 동시에 줄 수 있다"라며 높게 평가합니다. 이 은유의 사용법은 상황에 따라 달라집니다.

만약 연설가가 경의를 표하고 싶다면 같은 부류 가운데 더 나은 것들에서 은유를 빌려오고, 헐뜯고 싶으면 더 못한 것들에서 빌려와야 한다. (중략) 은유는 그것을 전달하는 낱말의 음절이 쾌적하게 들리지 않아서 잘못된 것일 수도 있다. (중략) 이름 없는 것에 이름을 부여하기 위해 은유를 쓸 때는 멀리 떨어진 것이 아니라 같은 유에 속하는 유

사한 것에서 빌려와야 한다.　　　　　　　　　　-252~254쪽

아리스토텔레스는 은유에 있어서도 '표현의 중용'을 힘주어 말합니다. '땀' 대신 '진땀'을, '법률' 대신 '나라의 통치자 법률'을, '달려서' 대신 '혼의 달리고 싶은 충동에 쫓겨서'를 쓰는 것에 질색합니다. 시적 표현을 남발하면 문체가 우스꽝스럽고 모호해진다는 것입니다.

'낄끼빠빠'. 낄 때 끼고 빠질 때 빠지는 것은 일상생활뿐 아니라 문장 표현에서도 필수입니다. 가슴을 울리는 명문장은 화려한 언어의 비빔밥이 아닙니다. 일상어로 된 글에 은유의 올리브유를 한두 방울 떨어뜨린 것입니다. 은유의 빈도와 강도가 적절하면 글을 멋 부려서 썼다는 느낌이 들지 않습니다. "죽는 날까지 하늘을 우러러 한 점 부끄럼이 없기를"로 시작되는 윤동주의 「서시」를 보세요. 담담한 일상어로 쓰였지만 그 느낌이 살아 있습니다.

아리스토텔레스는 재치 있는 '은유적 표현'에 대해 정보(지식)가 있어야 하고, 생생해야 하며, 억지스럽지 말아야 하고, 뻔하지 않아야 한다고 강조합니다. 다음은 그가 대표적 사례로 들고 있는 은유적 표현들입니다.

페리클레스는 전사한 젊은이들이 나라에서 사라지는 것은 한 해의 봄을 빼앗기는 것과 같다고 말했다.　　　　　　　　-284쪽

> 아이시온은 아테나이인들이 나라를 시켈리아에 "몽땅 쏟아부었다"
> 고 말했는데, 그것은 눈앞에 보는 것 같은 은유이다.　　　　－287쪽

추상적으로 표현됐다면 아무 느낌도 주지 않았을 말들입니다. 하지만 은유적으로 표현되면서 직접 눈으로 보는 듯이 다가옵니다. '봄을 빼앗기는 것', '나라를 몽땅 쏟아부었다'는 표현들이 우리의 감각세포를 자극하기 때문입니다.

아리스토텔레스는 문체의 톤과 매너도 주제와 상황에 맞아야 한다고 강조합니다. 오만불손한 행위에 대해서는 화를 내며 말하고, 칭찬받아 마땅한 행위에 대해서는 찬탄하며 말해야지, 오만불손한 행위에 대해 차분하게 말하고, 칭찬받아야 할 행위에 대해 언급하기도 싫다는 듯 말해서는 안 된다는 것입니다.

## 설득의 핵심: 사람의 마음에 공간을 열어라

이제 마지막 단계입니다. 아무리 좋은 메시지도 아무 생각 없이 늘어놓기만 하면 힘이 빠집니다. '구슬이 서 말이라도 꿰어야 보배'라는 속담이 있습니다만, 정확히 말하면 '구슬이 서 말이라도 보기 좋게 잘 꿰어야 보배'입니다. 그렇다면 어떻게 해야 메시지를 전략적으로 배치할 수 있을까요?

아리스토텔레스는 연설을 크게 '진술'과 '증명' 두 부분으로 나

누고, 여기에 '도입부'와 '맺는말'을 추가하면 네 부분이 된다고 말합니다. '도입부'는 주제를 미리 맛보게 하는 부분으로 연설가에 대한 선입관을 없애고 호의를 갖게 하는 기능도 있습니다.

'진술'은 어떤 행위가 일어났음을 제시하거나, 어떤 것인지 설명하거나, 얼마나 중요한지 보여주는 부분입니다. 아리스토텔레스는 "모든 행위를 연속적으로 기술하는 것은 바람직하지 않다"며 "그런 식으로 보여주면 기억하기 어렵기 때문"이라고 말합니다. '최대한 많은 것을 담겠다'는 욕심이 글이나 말에도 소화불량을 일으킬 수 있음을 이야기합니다.

제가 특히 주목한 것은 '증명' 부분입니다. 왜냐하면 아리스토텔레스 특유의 '공간론'이 등장하기 때문입니다. ('공간론'은 제가 붙인 명칭입니다.)

청중의 마음속에 그대가 하려는 연설을 위해 공간을 만들어야 한다. 그러자면 상대방 연설이 남겨둔 인상을 지워버려야 한다.  -327쪽

청중이나 독자의 마음속에 공간 만들기! 정말 중요한 문제입니다. '증명' 부분에서만 아니라 설득을 시작할 때부터 고민해야 합니다. 청중·독자의 마음은 텅 비어 있지 않습니다. 무엇인가로 늘 채워져 있습니다. 그것은 개인적인 일일 수도 있고, 직장 업무일 수도 있고, 가족 문제일 수도 있고, 사회적 이슈일 수도 있습니다. 그렇게 청중·독자의 마음이 다른 것들로 채워진 상황에서 내 주

장이 비집고 들어가기 위해서는 공간을 만들어야 합니다.

마음의 공간을 만드는 것은 아리스토텔레스의 말처럼 다른 이의 주장이 남긴 잔상을 지우기 위해서도 필요합니다. 하지만 제가 생각하는 훨씬 더 중요한 목적은 자신이 말을 전하려는 이들(청중·독자) 스스로 생각하고, 느끼고, 판단할 수 있게끔 하기 위해서입니다. 그들 스스로 새로운 관점에 관심을 갖도록 주의 깊게 배려하면 그들의 마음에 자연스럽게 다가설 수 있습니다.

사회적 이슈에 있어서도 마음속 공간 만들기는 중요합니다. 저는 칼럼을 마무리할 때 의문문을 자주 사용했습니다. "이제라도 우리 사회가 진짜 희망의 순간을 만들고, 기억하고, 나눌 수 있다면 아직 많은 것들이 가능하지 않을까?", "어쩔 수 없었다는 식의 말투부터 버려야 하지 않을까?", "기자들은 벼랑 앞에서 희망을 만들어낼 수 있을까?"

처음부터 의도적으로 그러려고 했던 것은 아닙니다만, '~이다', '~가 아니다', '~해선 안 된다'고 단언하는 방식으로 끝내는 게 내키지 않았습니다. 제 글을 읽는 독자들이 뭔가 생각할 수 있는 여지를 남겨두고 싶었습니다. 제가 생각한 결론이 꼭 정답이 아닐 수도 있기 때문입니다.

마음의 공간을 열기 위해선 자신이 설득하려는 상대의 자율권을 최대한 존중하는 자세가 필요합니다. "한번 시도해보는 것은 어떨까요?", "이런 방법도 있다고 합니다", "작은 것부터 시작해보실까요?"와 같이 가볍게 제안하거나 여러 선택지를 주는 것입니다. 설득에 따를지 말지는 상대의 선택에 맡기세요. 강요된 변화는 일시적이지만 자발적인 변화는 지속되니까요.

"나는 말했습니다. 여러분은 들었습니다. 사실을 알았으니 여러분이 판단하십시오."
―335쪽

「수사학」은 이렇게 막을 내립니다. 역시 판단은 '독자 여러분'에게 맡기고 있습니다. 설득의 핵심은 사람의 마음에 공간을 여는 것, 그 이상도 이하도 아님을 아리스토텔레스는 너무나 잘 알고 있었습니다.

'신뢰받는 사람이 되라. 논리를 탄탄히 하라. 감정에 호소하라.' 「수사학」의 이 세 가지 원칙도 마음의 공간을 열기 위한 것이었습니다. 그렇습니다. 설득은 상대의 잘못된 생각을 뜯어고치는 게 아닙니다. 닫힌 문을 부수고 내 생각을 주입시키는 게 아닙니다. 함께 머리 맞대고 이야기할 수 있는 공간을 만드는 것입니다. 이 평범하지만 특별한 진실을 되뇌어봅니다.

# 세네카

동료 인간에 대한
존중

자네는 자네의 이웃을 위해 살아야 하네.
동료애는 우리를 서로 어우러지게 하고,
또한 인간이 공통적으로 어떤 권리를 갖게 하네.

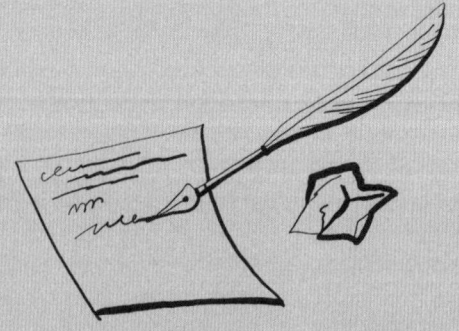

어찌된 일인지, 한 사람이 계속해서 죽었다가 살아납니다. 그렇다고 그의 '부활'에 종교적인 의미가 있는 것은 아닙니다. 과학기술 발전이 낳은 결과일 따름입니다. 그는 위험한 임무를 수행하다 죽으면 다시 몸이 프린트되어 나오는 '익스펜더블(expendable·소모품)'입니다. 하지만 기억이 실시간으로 백업되기 때문에 분명한 자기 생각과 느낌을 가지고 살아갑니다.

네, 봉준호 감독의 영화 「미키 17」 이야기입니다. 이 영화에서 익스펜더블 '미키 ○○'의 육체는 망가지면 곧바로 폐기됩니다. 다시 프린트될 수 있기 때문입니다. 그렇게 17번째 신체까지 프린트된 '미키 ○○'들에게 인간의 존엄성 같은 건 주어지지 않습니다. 그런데, 이런 상황은 과연 영화 속에만 존재할까요?

2024년 한 해 한국에서 산업 현장 사고로 목숨을 잃은 노동자가 589명에 달합니다. 하루 평균 1.6명이 일을 하다 생명을 잃는 것입니다. 전년보다 약간 줄었다고는 하지만, 산업 현장이 안전해진 게 아니라 건설경기 침체 때문이라고 합니다. 현실이 영화와 다른 것이 있다면 안타깝게 숨진 분들이 다시 살아나지 못한다는 사실입니다.

경제가 성장한 만큼 삶의 질도 높아졌다고 말할 수 있을까요? 지금 우리 사회가 인간의 존엄성이 보장되는 사회라고 할 수 있을까요? 나와 관련 없는 이들을 '익스펜더블'로 대하고 있지는 않나요? 혹여 우리 자신도 '익스펜더블' 대접을 받고 있는 건 아닐까요?

"인간은 인간에게 신성한 존재이다(Homo homini sacra res)."

고대 로마의 철학자 세네카가 한 말입니다. "인간은 인간에게 늑대다(Homo homini lupus est)." 인간 본성의 잔인함을 지적한 로마의 격언과 정확히 반대편에 서 있습니다. 세네카의 원문은 다음과 같습니다.

"인간은 인간에게 신성한 존재이다. 그러나 이제는 유희와 장난으로 죽임을 당한다."

인간의 목숨을 한낱 오락거리로 여기는 당시 로마의 비정한 사회상을 정면으로 비판한 것입니다. "인간은 인간에게 신성한 존재"라는 말은 모든 인간은 우주적 이성의 일부이며, 따라서 본질적으로 연결되어 있음을 뜻합니다. 서로를 존엄하게 대해야 할 도덕적 의무가 있음을 말하고자 하는 것이죠.

이제 세네카가 남긴 편지를 통해 그의 생각을 되짚어보려고 합니다. 인간의 존엄성이 왜 중요한지, 동료 인간을 왜 존중해야 하는지 여러분과 이야기를 나눠보려고 합니다.

### 친구에게 최선을 다하는 자세

네로 황제의 폭정이 이어지고 있던 그때, 세네카는 자신의 서재에 앉아 조용히 펜을 들었습니다. 로마제국 곳곳에서 뒤숭숭한 소식이 들려왔지만 그의 정신은 온전히 친구에게 가 있었습니다.
"사랑하는 내 친구, 루킬리우스."
세네카가 양피지에 편지를 써 내려갑니다.
"시간을 모으고 아끼게. 내 말을 믿게."
세상사에서 물러나 죽음을 앞두고 있던 노(老) 철학자가 마지막 지혜를 나누는 모습입니다. 이 편지가 오늘날까지 수많은 사람들의 마음을 어루만질 줄은 당시엔 누구도 알지 못했을 겁니다.
기원전 4년, 스페인 코르도바에서 태어난 루키우스 안나이우스 세네카는 로마제국의 대표적인 스토아 철학자입니다. 그는 엘리트 교육을 거쳐 기원후 31년 로마 재무관으로 정계에 첫발을 디뎠습니다. 하지만 칼리굴라 황제 때는 황제의 질투로 죽을 뻔한 위기를 겪었고, 클라우디우스 황제 때는 코르시카섬으로 추방되어 8년간 유배 생활을 했습니다. 네로가 황제 자리에 오른 후에야 그의 가정교사이자 조언자로 권력을 누렸지만, 기원후 65년 네로의 명령으로 자결합니다. 그의 인생은 롤러코스터 그 자체였습니다.

세네카의 인생보다 놀라운 것은 그가 남긴 글의 힘입니다. 어떻게 그의 편지가 그 아득한 시공간을 넘어 우리에게까지 영향을 미치게 되었을까요? 하루에도 수십 통의 이메일과 메시지가 오가는 시대에 그의 편지는 어떤 의미가 있을까요?

'루킬리우스에게 보내는 도덕적 편지들'*은 그가 정치 일선에서 물러나 세상을 떠나기 전까지 3년여 동안 친구 루킬리우스에게 보낸 편지를 모은 것입니다. 세네카는 이 편지들에서 스토아 철학을 바탕으로 어떻게 행복한 삶을 살고, 어떻게 행복한 죽음을 맞을지 조언합니다. 일상적 경험을 가지고 현실에서 실천 가능한 해법을 제시하려는 모습이 인상적입니다.

세네카가 보낸 편지들을 살펴보면 그는 가볍게 말하지도, 함부로 말하지도, 에둘러 말하지도 않습니다. 깊이 생각한 내용을 상대가 이해하기 쉽게끔 전달하고자 애쓴 흔적이 역력합니다. 어떻게든 친구에게 도움이 될 말을 해주려는 선의가 편지 하나하나마다 담겨 있습니다. 예를 들면, 시간의 가치를 이야기하는 편지에서 그는 이렇게 말합니다.

---

* 루키우스 안나이우스 세네카, 『스토아 철학자의 편지』, 유원기 옮김, 북커스, 2024년

내 말을 믿게. 어떤 시간은 빼앗기고, 어떤 시간은 도둑맞고, 또한 어떤 시간은 그저 빠져나간다는 것을 말일세. 그러나 가장 수치스러운 상실은 부주의로 인한 상실이네. (중략) 매 순간에 최선을 다하게. 이렇게 오늘을 붙잡으면, 내일에 그처럼 많이 의존하지 않아도 될 테니 말일세. 할 일을 미루면, 인생은 덧없이 지나 버린다네.

- 시간의 가치, 12~13쪽

어떻습니까? 절친한 친구가 카카오톡으로 좋은 의미의 잔소리를 하는 것 같지 않나요? 이렇듯 세네카의 편지에는 친근함이 가득합니다. 그는 이 편지 마지막에 이렇게 덧붙입니다.

항아리 바닥에 손이 닿는다면 무언가를 아끼기에는 너무 늦었기 때문이지. 바닥에 남은 것의 양은 아주 적고, 질도 아주 형편없을 것이기 때문이지. 잘 있게.

- 시간의 가치, 14쪽

'항아리 바닥에 손이 닿는다'는 감각적인 비유로 전하려는 메시지를 확실하게 각인시키고 있습니다. 독서에 관한 편지에서도 최대한 성의를 다해 조언해주려는 마음이 드러납니다.

많은 작가의 책들과 모든 종류의 책들에 대한 독서가 자네를 두서없고 불안하게 만들지 않도록 조심하게. 자네의 마음속에 확고하게 자리 잡을 생각들을 끌어내리려면, 자네는 적은 수의 뛰어난 사상가들 사

이에 오래 머물면서 그들의 작품들을 소화해야 하네. - 독서의 방법, 15쪽

세네카 자신도 너무 많은 책을 읽다가 길을 잃은 경험이 있었나 봅니다. 그래서 루킬리우스는 자신과 똑같은 실수를 저지르지 않기를 바라는 것입니다. 세네카는 "어디에나 있다는 것은 어디에도 없다는 것을 의미한다"라며 과도한 독서의 위험성을 강조합니다. 그러면서 자신만의 노하우를 알려주죠. "그날 소화할 수 있는 한 가지만 고르라"고요.

## 선의는 인간의 존엄성을 존중하는 데서 나온다

이렇게 있는 힘껏 조언하고 도움을 주려는 선한 마음은 대체 어디에서 나올까요? 저는 인간의 존엄성을 존중하는 자세에서 우러나는 것이라고 생각합니다.

세네카는 어느 날, 콜로세움에 갔다가 끔찍한 장면을 목격합니다. 그는 루킬리우스에게 보내는 편지에서 "이전의 싸움에는 자비의 행위가 있었으나, 지금은 하찮은 모든 것이 배제되고 살인만이 남아 있다"라며 그 장면을 이렇게 묘사합니다.

사람들은 방어 장비를 갖고 있지 않았네. 그들은 공격에 완전히 노출되었고, 빗나간 공격이 전혀 없었네. (중략) 아침에 그들은 사람들을

사자들이나 곰들에게 던져 놓고, 오후에는 관중들에게 던져 놓는다네. 군중은 한 살인자와 그를 살인할 다른 사람을 서로 만나게 만들고, 또한 군중은 항상 최종 우승자가 또 다른 살인을 하게 만들지.

- 군중을 경계하는 이유, 35쪽

세네카에게 콜로세움은 지옥과도 같은 곳으로 비친 것입니다. '그(검투사)는 아마도 강도거나 살인자였을 것'이란 세간의 추정에 대해 그는 묻습니다. "그래서 어떻다는 말인가? 그가 살인자였다고 해서, 이런 일을 당하는 것이 당연한가?" 강도든, 살인자든 인간이라면 그렇게 참혹한 상황에 밀어 넣어선 안 된다는 주장입니다.

더욱이 편지에는 "그(검투사)를 죽여라!" "그를 태워버려라!" "그는 왜 그토록 허약하게 때리나?" "서로 죽을 때까지 때리란 말이야!" 같은 군중의 외침이 생생하게 기록되어 있습니다. 세네카는 한쪽으로 쏠리는 군중심리를 경계해야 한다고 말합니다. "올바름을 굳게 지키지 못하는 청년의 성품은 군중으로부터 구출되어야 한다"고요.

콜로세움의 잔인한 장면들이 세네카에게 충격적으로 다가왔던 것은 그의 가슴속에 휴머니즘이 살아 있었기 때문입니다. 마치 요즘 사람들이 야구장에 가듯 로마인들이 콜로세움에 가서 즐기는 여흥이 그의 눈에는 인간성의 파괴로 비친 것이죠.

그가 그저 심성이 약한 사람이어서 그랬던 것 아니냐고요? 결코 아닙니다. 세네카는 자신의 분명한 철학 위에서 인간의 존엄성에 대한 존중을 이야기합니다. 루킬리우스에게 보낸 또 다른 편지를 보면 존엄성을 가진 인간과의 동료애를 말하고 있습니다.

> 자네가 자네 자신을 위해 살고자 한다면, 자네는 자네의 이웃을 위해 살아야 하네. 세심한 돌봄으로 유지되는 동료애는 우리를 서로 어우러지게 하고, 또한 인간이 공통적으로 어떤 권리를 갖게 하네.
> - 철학자의 역할, 128쪽

이런 마음을 품었기에 그는 "지금은 농담할 때가 아니"라며 행동에 나설 것을 주장합니다. "자네는 불행한 사람들에게 조언을 주기로 되어 있다"고, "사람들을 돕겠다고 약속했는데, 왜 외면하는 것이냐"고, "그를 도와서 그의 목에 걸린 올가미를 벗겨내라"고 촉구합니다. 세네카는 자신이 하루하루를 성실하게 살아가는 것도 그 때문이라고 이야기합니다.

> 나는 단 하루도 게으름을 피우지 않네. 나는 심지어 밤 시간의 일부를 학문에 할애하네. 나는 잠잘 시간을 허용하지 않고 잘 수밖에 없을 때만 굴복하고, 눈을 뜨고 있기 힘들어 감으려 할 때도 내 눈은 여전히 일을 하네. (중략) 나는 다음 세대를 위해 일하고, 그 세대에 도움이 될 생각들을 적고 있다네.
> - 철학의 선물, 40쪽

'눈을 뜨고 있기 힘들어 감으려 할 때도 자신의 눈은 여전히 일을 하는' 철학자의 모습이 눈앞에 그려지나요? 세네카는 자신이 그토록 열심히 공부하고 글을 쓰는 것은 이웃을 위하고, 다음 세대를 위해서라고 말합니다. 그의 말에서 동료 인간들에 대한 관심과 지극한 애정이 느껴집니다.

그렇습니다. 그의 선의는 지인들, 즉 자신이 아는 사람들에게만 향하는 게 아닙니다. 인간의 존엄성이 가족이나 친구에게 국한된 것은 아니니까요. 사람을 존중하는 마음은 친분이나 이해관계가 없는 사람들을 향할 때 더 밝게 빛이 납니다.

세네카가 당시 로마 사회의 노예제에 대해 비판적인 시각을 지녔던 것도 같은 차원입니다.

그는 노예를 '말하는 도구(Instrumentum vocale)'라고 칭하는 대신 '낮은 지위의 친구들(Humiles amici)'이라고 불렀습니다. 누가 주인이 되고 누가 노예가 되는지는 전적으로 운명의 우연성에 달렸다고 본 것입니다.

그는 또 노예들과 함께 식사하고, 대화하며, 조언을 구하라고 루킬리우스에게 권합니다. 노예를 대하는 태도가 그 사람의 진정한 품성을 보여준다고 생각하기 때문입니다. 그의 글을 읽으면서 상대의 직급이 낮다고, 나보다 나이가 적다고 함부로 대한 것은 아닌지 저 자신을 돌아보게 됩니다.

## 군림하지 않고 사람의 마음을 여는 법

세네카가 더욱 매력적인 이유는 일방적으로 군림하려 들지 않는다는 데 있습니다. 그는 자신이 무슨 '구루(큰 스승)'라도 된 것처럼 자기 말만 늘어놓지 않습니다. 듣는 사람을 늘 염두에 두고 대화에 임합니다. 특히, 반론 가능성을 열어두고 이야기를 이어갑니다.

이를테면 이런 식입니다. 그는 자신이 대중목욕탕 근처에 살면서 일상에서 겪게 된 소음을 이야기한 뒤 마음의 갈등이 빚는 소음에 대해 설명합니다. 그런데, 편지 막바지에 이런 말을 남겨놓습니다.

> 자네는 "그렇다면 때로는 단순히 소란을 피하는 것이 더 간단한 문제가 아닌가?"라고 말할 것이네. 나도 그걸 인정하네. 그래서 나는 여기서 이사를 할 것이네. 나는 단지 나 자신을 시험하고, 연습시켜 보고 싶었을 뿐이네.
> ─ 마음이 심란한 이유, 147쪽

'일상의 소음이야 다른 곳으로 이사하면 간단히 해결될 텐데?'라는 상대의 의문을 스스로 해소하고 있는 것입니다. 작은 부분도 놓치지 않는 세심함이 느껴집니다. 그는 때로는 편지를 읽는 이가 던질 만한 질문을 직접 의문문으로 집어넣기도 합니다.

"그렇다면 우리는 다른 사람들처럼 행동해야 할까? 우리 자신들과 세상 사이에는 차이가 없을까?" 차이가 있네. 아주 큰 차이가 있지. 우리를 살피는 사람들에게 우리가 보통 사람들과 다르다는 것을 알도록 만들게. 우리가 사는 집을 방문하는 사람들에게 우리의 세간살이가 아니라 우리 자신을 감상하도록 만들게. ㅡ 철학자의 삶, 28쪽

대화란 사람과 사람의 관계성 속에서 이루어지는 것임을 세네카는 잊지 않습니다. "편지를 받을 때마다 내 가슴이 뛰며" "편지를 계속 보내주길 간청하고 또 기도한다"라고 고백합니다. 편지를 주고 받으면서 "함께 있는 걸 상상하고, 글로 답장을 하는 것이 아니라 말하는 듯한 느낌을 받는다"는 세네카의 애틋함에 마음을 열지 않을 사람이 있을까요?

신뢰, 즉 믿고 의지하는 관계가 유지되려면 진실해야 합니다. 세네카는 자신의 부끄러운 부분까지 감추지 않고 드러냄으로써 진실함을 보여줍니다.

우리가 호화로운 무리와 맞닥뜨리게 되면 무심결에 얼굴이 붉어지네. (중략) 따라서 나의 성숙함은 아직 불충분하네. 나는 아직 나의 검소함을 공개적으로 인정할 용기를 갖고 있지 않네.

ㅡ 덕과 관련된 몇 가지 삼단논증, 222쪽

## 상대를 존중한다면 있는 그대로의 진실을 말해야 한다

타인을 존중해야 한다고 말하면 어떤 이들은 비위를 맞추라는 뜻으로 오해하곤 합니다. 그러나 진정한 존중은 잠시 즐겁게 하기 위해 거짓을 말하는 것이 아닙니다. 듣기 좋게 달콤한 말만 하는 것이 아닙니다. 도리어 솔직하게 진실을 이야기하는 것입니다. 상대의 비위를 맞추는 데 급급한 것은 그를 우습게 여기는 것일 뿐입니다.

세네카는 상대의 모습을 직시한 뒤 자신이 본 바를 가감 없이 전합니다. 그는 루킬리우스에게 "이목을 끄는 행동을 하면서 주목을 받으려고 하는 사람들처럼 행동하지 말라"고 충고합니다. "다른 모든 비정상적인 자기 과시를 피하라"는 것입니다. 그 이유는 무엇일까요?

> 얼마나 조용히 추구하든, 단지 철학이라는 이름만으로도 우리는 충분히 경멸의 대상이네. 우리가 일상적인 일을 하지 않으면 어떤 일이 생기겠는가? 우리의 내면이 모든 점에서 다르더라도, 우리의 외면은 사회에 들어맞아야 하네.
> — 철학자의 삶, 26쪽

상상해보세요. 로마의 철학자들이 만나 "사람들은 우리를 이해 못 해"하며 한숨 내쉬는 장면을. 세네카는 세상 사람들이 철학자들을 어떻게 보는지 꿰뚫어보고 있습니다. 그렇기에 "우리 철학자들은 더 높은 삶의 수준을 유지하려 애써야 한다"면서 "그렇지 않으면 우리가 발전시키려 노력하는 바로 그 사람들을 겁먹게 만들고 내쫓게 될 것"이라고 합니다.

세네카의 시각은 면도날처럼 날카롭습니다. 그는 "생각 없는 사람은 혼자 있어서는 안 된다"라고 말합니다. 혼자 놔두면 "어리석은 계획을 세우고, 자신이나 다른 사람들에 대한 미래의 위험을 쌓기 때문"입니다. 또한 "기본적인 욕망을 발산하고, 정신은 두려움이나 부끄러움이 억눌렸던 것을 내보인다"라고도 이야기합니다.

저는 생각 없는 사람이 혼자 있으면 위험하다는 그의 경고에 100퍼센트 공감합니다. 이때의 '혼자'는 실제로 혼자 있는 것만을 의미하지 않습니다. 어떤 모임이나 조직에 속해 있으면서 뭐든지 혼자 판단하려는 사람이 있습니다. 특히, 그런 사람이 조직의 사다리 위쪽에 있다면 독단적으로 어떤 행동을 해도 제지받지 않을 가능성이 큽니다. 남들에게도, 자신에게도 위험한 상황입니다.

세네카는 상대에게 꼭 필요하다고 판단되면 당장은 아프더라도 해야 할 말을 해줍니다.

자네의 가장 큰 문제는 자네 자신이 아닌가. 스스로를 가장 괴롭히는 것이 본인일 테니 말이네. 자네는 자신이 무엇을 원하는지 알지 못하고, 또한 올바른 방향으로 나아가기보다 감탄하는 데 익숙해져 있네.

자네는 참된 행복이 어디에 있는지 알지만, 그것을 쟁취할 용기는 없
는 것으로 보이네.　　　　　　　　　　- 편지에 언급하는 이름, 86쪽

이뿐만이 아닙니다. 세네카는 루킬리우스가 오랜 여행 후에도 우울함과 중압감을 떨칠 수 없었다고 하자 기후의 변화보다 영혼의 변화가 필요하다며 따끔하게 조언합니다. 자기 자신을 방황하게 만드는 이유는 자신의 발꿈치 뒤에 있다며, 어디를 가느냐보다 어떤 사람이냐가 더 중요하다고 강조합니다.

진짜 상대를 위한다면 어쩔 수 없이, 있는 그대로 말하는 수밖에 없습니다. 그렇다고 굳이 충격요법으로 그 사람을 기분 나쁘게 만들 필요는 없습니다. 중요한 것은 '듣기 싫은 소리를 기분 나쁘지 않게' 하려는 노력입니다. 자신을 위해서 간곡한 마음으로 하는 말이란 걸 상대가 알게 된다면 불쾌하게 받아들이진 않을 것입니다.

### 통념을 뒤집어 가슴 시원한 깨달음을 던져라

"꼰대처럼 말하지 마!"

친구가 제 충고를 듣더니 손사래를 칩니다. 처음엔 기분이 나빴지만 돌이켜 생각해보니 그럴 만도 합니다. 바른말이란 대개 지루하고 답답한 법입니다. 처음엔 좋은 말이라 생각되다가도 말

이 길어지면 좀이 쑤시기 시작합니다.

그런데 이상하게 세네카의 바른말은 식상하지 않습니다. 그의 말은 어떻게 오늘날까지 그 신선함을 유지할 수 있는 걸까요? 아마도 그의 말이 통념을 깨뜨리고 있기 때문일 것입니다. 익숙한 고정관념을 뒤집음으로써 '아, 내가 잘못 알고 있었구나', '이런 식의 생각도 가능하구나' 하는 깨달음을 주기 때문입니다. 그 깨달음은 사람의 마음속에 청량음료 같은 시원함을 선사하는 데 그치지 않습니다. 세상을 똑바로 바라볼 수 있게 합니다.

대표적인 예가 '인생은 짧다'는 통념입니다. 세네카는 피울리누스에게 보낸 편지 '인생의 짧음에 대하여'*에서 우리는 수명이 짧은 것이 아니라 많은 시간을 낭비하고 있다고 말합니다. 오히려 인생은 충분히 길며, 낭비하지 않고 잘 쓰기만 하면 우리의 수명은 가장 큰일을 해내기에도 넉넉하다는 것입니다.

> 어떤 사람은 끝없는 탐욕에 사로잡혀 있고, 어떤 사람은 쓸데없는 일에 줄곧 매달리지요. 어떤 사람은 술에 절어 살고, 어떤 사람은 늘어지게 게으르지요. 어떤 사람은 항상 남의 판단에 매달리게 마련인 명예욕에 지쳐 있고, 어떤 사람은 사업에 대한 맹목적인 욕망에 쫓겨 이익을 좇아 모든 육지와 바다를 두루 쏘다니지요.
>
> — 인생의 짧음에 관하여, 293~294쪽

---

* 키케로 외 지음, 『그리스 로마 에세이』, 천병희 옮김, 도서출판 숲, 2011년

세네카는 특히 "남을 위해 자신을 소모하고", "재산을 지킬 때는 인색하면서도 시간을 낭비하는 일에는 너그러운" 사람들의 행태를 지적합니다. 가장 어리석은 건 "모든 시간을 주색(酒色)에 바치는 자들"입니다. 어떤 이들은 여가를 즐기며 산다고 하지만 실제로는 "일없이 분주할 뿐"입니다.

같은 책 '마음의 평정에 관하여'에서도 세네카는 역설의 통찰력을 보여줍니다. 그는 '바쁜 삶이 성공적인 삶'이라는 당시 로마 사회의 통념에 도전합니다. (어디서 많이 들어본 이야기 아닌가요? 인간의 착각은 예나 지금이나 다르지 않은 듯합니다.) 그는 "많은 사람들이 집과 극장과 광장을 돌아다니며 남의 일에 개입하고 늘 바쁜 듯한 인상을 준다"라고 말합니다.

> 그들은 할 일을 찾아 정처 없이 돌아다니고, 의도한 일이 아니라 닥치는 대로 아무 일이나 한다네. 그들은 무턱대고 일 없이 돌아다니니, 숲 속을 기어 다니다가 나무줄기를 타고 정처 없이 우듬지로 올라갔다가 도로 맨 아래로 내려오는 개미 떼와도 같네그려. 사람들은 대부분 개미 같은 삶을 살고 있고, 누가 그러한 삶을 분주한 게으름이라고 불러도 틀렸다고 할 수 없을걸세. - 마음의 평정에 관하여, 248~249쪽

그는 이 글에서 정신적 멀미를 호소하는 친구 세레누스에게 "가끔은 자기 속으로 물러나야 한다"면서 "마음을 너그럽게 대하고 가끔은 휴식을 취하게 해주어야 한다"라고 권합니다. "밖에 나

가 탁 트인 하늘 아래 신선한 공기를 들이마셔 마음이 기운을 차리고 고양될 수 있도록 하라"는 것입니다. "가끔은 미쳐야 즐겁다"는 시인의 말과 "광기가 섞이지 않은 위대한 재능은 없다"는 아리스토텔레스의 말을 전하기도 합니다.

세네카가 세상의 통념에 중독된 이들을 안타까워하는 것은 인간은 그렇게 속아 살아서는 안 되는 존재이기 때문입니다. 존엄성을 지닌 존재로서 보다 나은 삶을 살아야 하기 때문입니다. 그래서 그는 삶이 다할 때까지 진정성 있는 자세로 실질적인 삶의 지침을 제안하려 했습니다.


## 상대를 존중하면 나 자신의 자존감도 높아진다

동료 인간을 존중하는 마음만으로 모든 게 다 되는 건 아닙니다. 그에게 실제 도움이 되려면 전문성과 분석력, 전달력 같은 역량들이 뒷받침되어야 합니다.

의사가 환자를 위한 선의를 가졌더라도 실력이 부족해 잘못 진단한다면 '좋은 의사'라고 부를 수 없습니다(전문성). 환경 운동가가 지구온난화를 막아야 한다는 신념을 갖고 있어도 온난화를 일으키는 산업 정책의 문제점을 분석하지 못한다면 '좋은 환경운동가'라고 말하기 어려울 것입니다(분석력).

그뿐일까요? 전하려는 메시지가 아무리 좋아도 그것을 효과적으로 전하지 못하면 아무런 소용이 없습니다. 부적절하고 애매모호한 표현은 상대의 머릿속을 뒤죽박죽 엉클어놓을 수도 있습니다(전달력). 또한, 큰 사고로 괴로워하는 피해자와 그 가족을 위로할 때 그 사고의 맥락에 대한 깊은 이해 없이 피상적으로 위로한다면 어떠한 공감도 일으킬 수 없습니다(맥락 이해).

또 하나, 잊지 말아야 할 것은 타인을 존중하면 나 자신도 존중하게 된다는 사실입니다. 다른 사람의 인격을 존중하면 우리의 관심은 '그 사람의 반응'이 아닌 '나의 행동과 가치'로 옮겨갑니다. 또한, 그것은 '내가 어떤 사람인지'를 스스로에게 증명하는 과정이기도 합니다. 그 과정을 통해 소모적인 자기 의심과 불안에서 벗어날 수 있습니다.

당신은 이렇게 물을지 모릅니다. "나는 상대를 위하는데 그가 나를 무시한다면 어떻게 해야 하느냐?"라고요. 사실 많은 이들이 인간관계에서 비슷한 고민에 부딪힙니다. 하지만 당신의 노력은 헛된 것이 아닙니다. 당신이 품격 있고 성숙한 인격을 지녔다는 증거입니다. 부디 그런 자신에게 자부심을 가지시길 바랍니다.

다만, 상대가 끝끝내 당신을 무시하고 인격을 존중하지 않는다면 그와의 관계를 재고해보아야 합니다. 타인을 존중하는 마음을 갖는다는 것이 그에게 끌려다녀야 한다는 의미는 아니니까요. 능동적으로 그를 존중하되, 나의 호의를 소유물처럼 악용한다면 스스로를 지키기 위해 안전거리를 확보해야 합니다.

"나는 그냥 웬만하면 사람들한테 다정하고 싶어요. 다정은 공짜니까. 그냥 서로 좀 친절해도 되잖아요." 드라마 「동백꽃 필 무렵」에서 주인공 동백(공효진 분)이 한 말입니다. 그녀의 친절함은 '옹산'이라는 마을 사람들의 마음을 여는 열쇠가 됩니다. 그런 동백이도 살인범 '까불이'까지 용납하지는 않습니다. 그의 정체를 알게 되자 정의의 한 방을 날립니다.

　다정하다는 것은 그만큼 존중한다는 뜻일 테지요. 우리도 '웬만하면 다정하게' 다른 이들을 대했으면 합니다. 존중은 거창한 게 아닙니다. 엘리베이터에서 사람이 타거나 내릴 때 '열림' 버튼을 눌러주거나 다른 정치적 견해를 가진 사람을 보며 '그럴 수도 있겠다'라고 생각해보면 어떨까요? 그런 마음들이 모여 세상을 조금은 더 환하게 밝혀주지 않을까요?

　"이봐, 당신!"

　세네카가 당신의 어깨를 두드립니다.

　"그래, 바로 당신 말이야. 스마트폰에서 눈을 떼서 당신 옆에 있는 사람을 바라보라고. 가끔은 그의 기쁨을 함께하고 슬픔을 위로할 생각을 가져보라고."

# 플루타르코스

사람을 입체적으로
이해하는 법

엄청난 전쟁 장비나 도시의 포위보다는
오히려 우연한 발언이나
농담 같은 하찮은 일에서
한 인간의 성격이
더 분명히 드러나기 때문이다.

'문화부 기자.' 대학 시절 저의 장래희망이었습니다. 법대생이면 대부분 도전하던 사법시험을 치르지 않은 것도, 신문사에 들어간 것도 그 때문입니다. 김수영과 이성복, 황지우의 시를 읽으며 그런 꿈을 품게 되었습니다. 하지만 기자 생활 30년 동안 문화부는커녕 그 근처도 가보지 못했습니다. 이른바 '스트레이트 부서'로 불리는 정·경·사(정치부·경제부·사회부)만 시계추처럼 오가야 했습니다.

늘 이슈가 상어 떼처럼 몰려다니는 그 부서들을 거치며 한국 사회를 주름잡는 인물들을 가까이에서 지켜볼 수 있었습니다. 그들을 보면서 절감한 것은 '이슈의 핵심은 결국 사람'이란 사실이었습니다. 어떤 인물들이 이슈를 주도하느냐에 따라 사태의 흐름이 바뀌었습니다. 어떤 이슈를 놓고 공방이 벌어질 때도 누가 공격하고 누가 방어하느냐에 따라 싸움의 양상이 달라지곤 했습니다.

그래서일까요? 누가 장관이나 대법관 등 요직에 내정되거나 지명되면 꼭 나가는 기사가 있습니다. 바로 '프로필' 기사입니다. 프로필엔 대개 어느 고등학교와 대학을 나와서 어떤 경력을 거치며 무슨 일들을 해왔는지, 평소 성품이 어떤지, 다른 특징적인 면모가 있는지 등이 실립니다. 20년 전만 해도 '두주불사(斗酒不辭, 말 술도 사양하지 않음)'란 단어가 프로필에 실리곤 했습니다. 당시엔 주량이 그 사람의 캐릭터(호탕함·대범함)를 말해주는 척도였기 때문입니다.

"○○○이 ○○○ 했네." "XXX가 XXX 했네."

어떤 인물이 자신의 성격대로 행동하는 것을 긍정적으로, 혹은 부정적으로 표현하는 말입니다. 실제로 위기의 순간에는 불안감에 휩싸여 자신의 성격을 밑바닥까지 보여주는 경우가 많습니다. 어떤 이는 RPM(분당 회전수)이 너무 높아져 자기 성질을 제어하지 못하고, 어떤 이는 망설이며 고민만 하다가 기회를 놓치고 맙니다.

제가 칼럼을 쓸 때 공을 들였던 것도 이슈의 중심 인물을 분석하는 일이었습니다. 그 인물이 지금까지 무엇을 위해 살았고, 어떤 상황에서 무슨 행동을 했으며, 어떤 논란을 일으켰는지 들여다보았습니다. 인물의 성격을 잘 파악하기만 해도 진실에 빠르게 다가설 수 있었습니다. 반면 핀트(초점)가 빗나가면 방향을 잃고 헤매야 했습니다.

그리스 로마 고전 중에서 인물의 내면, 특히 개성을 가장 탁월하게 보여주는 작품이 『플루타르코스 영웅전』\*입니다. 『플루타르코스 영웅전』(이하『영웅전』)에서는 한 사람 한 사람의 캐릭터가 숨소리까지 완벽하게 그려집니다. 그들이 왜 그 순간에 그런 선택을 했는지가 속속들이 드러납니다.

플루타르코스의 인물 탐구는 오늘을 살아가는 우리에게도 결코 작지 않은 시사점을 던집니다. 중요한 건 인물의 생김새나 스펙이 아닙니다. 그 인물의 고유한 캐릭터입니다. 그 사람이 왜 그런 행동을 했는지, 왜 그런 입장을 취해야 했는지, 과거에 무슨 일이 있었는지를 알아야 합니다. 그렇게 인물의 성격을 이해할 수 있을 때 입체적인 설명이 가능해집니다.

## 인물의 성격은 하찮은 일에서 드러난다

지중해의 따뜻한 햇살이 쏟아지는 그리스 아테나이의 작은 서재. 창가에 앉은 한 남자가 등을 보인 채 무언가를 쓰고 있습니다. 그 남자의 이름은 플루타르코스. 그의 등이 쉴 새 없이 움직이며 손끝에서 역사의 주인공들이 살아 움직입니다. 그는 흑백논리로 한 인간을 재단한 것이 아니라 그 인물의 긍정적 측면과 부정적 측면을 모두 살펴서 살아 숨 쉬는 캐릭터를 보여주고자 했습니다.

---

\* 플루타르코스, 『플루타르코스 영웅전』, 천병희 옮김, 도서출판 숲, 2010년

개개인들이 갖고 있는 개성을 추적하는 것은 복잡한 미로를 통과하는 모험입니다. 때로는 길을 잃고, 때로는 늪에 빠지고, 때로는 예상치 못한 통로를 발견합니다. 인물의 내면을 들여다보는 시선의 깊이에 따라 보이지 않던 것들이 눈에 들어옵니다. 플루타르코스가 글을 고치고 또 고쳤던 이유도 한 인물의 장점과 단점, 그만의 특성을 포착해서 그려내려 했기 때문입니다.

플루타르코스는 기원후 46년부터 120년까지 살았던 그리스 학자입니다. 그는 아테나이에서 철학을 공부한 뒤 이집트, 이탈리아, 에스파냐를 여행했습니다. 당시 제국의 수도였던 로마를 방문하기도 했습니다. 말년에는 델포이의 아폴론 신전에서 사제로 살았습니다.

그가 살았던 시기는 로마제국의 절정기였습니다. 로마가 정치적 중심지이고 아테나이가 정신적 중심지였던 그때, 그는 매우 특별한 프로젝트에 착수합니다. 그리스 영웅과 로마 영웅 23쌍의 삶을 비교 분석하는 책을 써낸 것입니다. 영웅들의 삶에서 배울 것은 무엇이고, 경계할 것은 무엇인지를 살피기 위해서입니다. 원래 제목도 '영웅전'이 아니라 '비교 열전'(Bioi paralleloi)이었습니다.

플루타르코스는 영웅들의 업적을 나열하는 데 그치지 않습니다. 인물 한 명 한 명이 그때 왜 그렇게 행동할 수밖에 없었는지에 주목합니다. 그의 의도는 알렉산드로스 전(傳) 도입부에서 분명하게 드러납니다. 그는 "영웅들의 업적이 굉장히 많은 만큼 이들의 널리 알려진 행적을 모두 언급하지 못하거나 개별 행적을 세세히 기술하지 못하고 대부분을 요약하더라도 양해해달라"고 당부합니다. 그리고 이렇게 설명합니다.

> 내가 쓰려는 것은 역사가 아니라 전기이며, 한 인간의 미덕 또는 악덕이 언제나 그의 가장 탁월한 행적에서 드러나는 것만은 아니며, 수천 명이 전사한 전투나 엄청난 전쟁 장비나 도시의 포위보다는 오히려 우연한 발언이나 농담 같은 하찮은 일에서 한 인간의 성격이 더 분명히 드러나기 때문이다. ―244쪽

하찮은 일에서 인물의 성격이 드러난다니 정말 탁월한 통찰입니다. 현실의 정치인들을 보십시오. 자신들이 세운 업적이나 정책이 곧 자기 자신이라고 내세웁니다. 하지만 실제로는 그들이 엉겁결에 내뱉은 말 한마디, 곤란한 상황에서 얼굴에 스친 표정 하나가 그들에 대해 더 많은 것을 이야기해줍니다.

'누구나 실수할 수 있지 않느냐?', '인간적인 모습이라고 넘어가 주면 안 되느냐?'고 할 수도 있습니다. '실수'도 맞고, '인간적인 모습'인 것도 맞습니다. 다만, 그 엉뚱한 실수 하나, 인간적 모습 하나가 그 인물의 진짜 모습일 수 있습니다. 더욱이, 삶의 중요 고비에서 보여준 인간적 모습은 결정적인 '인생 한 컷'이 됩니다.

제가 『영웅전』을 읽으며 깨달은 것이 두 가지 있습니다. 하나는 '인간은 반드시 외롭게 죽는다'는 것이고, 다른 하나는 '완벽한

인간은 없다'는 것입니다. 어쩌면 플루타르코스가 말하고 싶었던 것도 이 평범한 진리였는지 모릅니다.

### 알렉산드로스: '명성 추구' 욕망이 낳은 빛과 그림자

이 글에서 『영웅전』의 인물들을 전부 소개할 수는 없습니다. 그 가운데 상대적으로 우리에게 친숙한 이들을 중심으로 이야기해볼까 합니다. 첫 번째 인물은 우리에게 '알렉산더 대왕'으로 알려져 있는 알렉산드로스입니다. 알렉산드로스(기원전 356~323년)는 마케도니아의 왕으로 아드리아해에서 인도에 이르는 대제국을 건설한 인물입니다. 그의 나이 32세에 세계를 정복했지만 자신의 내면은 끝내 정복하지 못했습니다. 그의 제국은 광활했지만 그의 내면은 늘 험난했습니다.

알렉산드로스의 아버지 필립포스 2세는 그리스를 평정한 정복자였습니다. 아버지가 유명한 도시를 함락했다거나 전투에서 승리했다는 소식이 들려올 때마다 소년 알렉산드로스의 얼굴빛은 어두워졌다고 합니다. 그는 또래 친구들에게 "아버지께서 모든 것을 먼저 정복하시니, 내가 너희들과 함께 세상에 보여줄 위업은 이러다 하나도 남지 않겠어"라고 말하곤 했습니다. 플루타르코스는 이렇게 설명합니다.

쾌락과 부가 아니라 용맹과 명성을 추구한 만큼, 그는 아버지에게서 더 많이 받을수록 자력으로 이룩할 수 있는 것은 더 줄어든다고 믿었던 것이다.
— 249~250쪽

아버지의 명성에 질투심을 느끼는 아들이라니…. 플루타르코스는 알렉산드로스가 지닌 명예욕의 근원을 그의 어린 시절부터 추적하고 있습니다. 그가 아시아 원정 도중 스승인 아리스토텔레스가 '일반 학생들에게는 공개하지 않던 심오한 비결'을 출판했다는 소식을 듣고 항의 편지를 보낸 것도 같은 맥락입니다.

선생님께서 구전을 출판하신 것은 잘못하신 일입니다. 왜냐하면 제가 배운 이론들이 만인의 공동재산이 된다면 무엇으로 제가 남들을 능가할 수 있겠습니까?
— 253쪽

알렉산드로스가 지식까지 독점하려 했던 이 일화는 그의 끝없는 욕망을 말해줍니다.

알렉산드로스가 페르시아에 쳐들어가 다레이오스 왕의 군대를 격파한 뒤 그의 가족들을 어떻게 대했는지도 인상적입니다. 포로들 사이에 섞여 있던 다레이오스의 어머니와 아내, 결혼하지 않은 두 딸이 다레이오스가 죽은 줄 알고 가슴을 치며 통곡하더라는 이야기를 누군가 알려줍니다. 그러자 알렉산드로스는 그들에게 "다레이오스는 죽지 않았으며 나를 겁낼 필요가 없다"라고 전하게 합니다. 실제로 그들이 가지고 있던 권리를 그대로 갖도록 해줍니다. "적에게 이기는 것보다 자신에게 이기는 것이 더 제왕답다고 여겼는지 여인들을 건드리지 않았다"라고 플루타르코스는 전합니다.

플루타르코스는 알렉산드로스의 좋은 점만 전하지 않습니다. 처음 중대범죄를 재판할 때는 "고발인이 말하는 동안 한쪽 귀를 손으로 막아" 피고인의 말을 편견 없이 들으려고 노력했던 그가 점점 가혹해졌다고 말합니다. 특히 누군가 그를 악담하면 분별력을 잃어 잔인하고 무자비해졌는데, 그에게는 "목숨이나 왕국보다 명성이 더 중요했기 때문"이라고 지적합니다.

명성 추구의 욕망은 알렉산드로스에게 세계 정복이라는 영광을 안겨줬지만 빛이 큰 만큼 그림자도 컸습니다. 특히 '클레이토스 사건'에선 최악의 상황으로 치닫습니다. 페르시아 점령지에서 열린 술자리에서 부하 장수인 클레이토스가 알렉산드로스와 말다툼을 하다가 불손한 말을 내뱉습니다.

"전하께서 암몬(신)의 아들이 되실 만큼 커질 수 있었던 것은 마케도니아인들의 피와 저의 이 상처들 덕분입니다."

알렉산드로스가 크게 역정을 내는데도 클레이토스는 계속해서 빈정거립니다. 머리끝까지 화가 난 알렉산드로스는 호위병의 창을 빼앗아 클레이토스를 죽입니다. 순간 정신이 돌아온 그는 스스로 자신의 목을 찌르려다 제지를 받고 이틀을 통곡하며 후회합니다. 그의 명예욕이 수족과도 같던 부하 장수의 참담한 죽음을 부른 것입니다.

알렉산드로스가 갈구한 것은 정복자의 명성이었습니다. 하지만 그 위대한 명성의 어디에도 내면의 평화와 자기 만족은 없었습니다. 항상 다음 정복지를 생각하며 미래의 성취만 바라보다 현재를 온전히 즐기지 못했습니다. 알렉산드로스가 세운 제국도 그가 죽은 후 분열되어 역사 속으로 사라져버립니다.


### 카이사르: 장점이 곧 단점이고, 단점이 곧 장점이다

플루타르코스가 알렉산드로스와 한 쌍으로 내세운 로마의 영웅은 율리우스 카이사르입니다. '줄리어스 시저'로도 불리는 카이사르는 로마의 정치가이자 장군이고, 작가입니다. 그는 폼페이우스, 크라수스와 함께 '제1차 삼두정치'를 시작했습니다. 그 후 갈리아(현재의 프랑스 지역) 원정에 나서 로마의 영토를 크게 넓히고 종신 독재관 자리에 오릅니다.

플루타르코스가 카이사르를 통해 말하고자 한 것은 장점이 곧 단점이고, 단점이 곧 장점이란 사실입니다. 그가 첫 번째로 꼽은 카이사르의 장점은 자신감에서 우러난 단호함과 대담함입니다. 민중파 지도자 마리우스의 인척이었던 카이사르는 귀족파의 지도자 술라가 권력을 잡자 망명길에 오릅니다.

카이사르는 배를 타고 가다 해적들에게 납치됩니다. 그는 해적들에게 거금을 주겠다며 동행했던 친구와 시종들을 돈을 구하러 보냅니다. 사실상 인질 상태였음에도 해적들을 "무식한 야만족"이라고 부르면서 모조리 목매달겠다고 으름장을 놓습니다. 그는 실제로 몸값을 내고 풀려난 뒤 해적들을 소탕합니다. 로마에 귀환한 후에는 거금을 빌려 물 쓰듯 쓰며 민중의 환심을 삽니다. 법정관에 이어 집정관을 맡아 '제1차 삼두정치'를 출범시킨 다음 갈리아 원정에 나섭니다.

카이사르의 결단력이 가장 빛난 순간은 '제1차 삼두정치'가 막을 내린 직후입니다. 폼페이우스와의 정면 승부를 위해 로마로 진격한 그는 "놀라운 대담성과 신속성을 보여줌으로써 주어진 기회를 이용하자!"라고 다짐합니다. 그러나 루비콘강에 다다랐을 때 마음이 흔들려 마차를 세웁니다. 그는 한참 동안 말없이 마음속으로 저울질하다 결정적인 한마디를 내뱉습니다.

> 마침내 카이사르는 심사숙고하기를 그만두고 자신을 운명에 내맡기는 양 일종의 격정에 사로잡혀, 사람들이 절망적인 모험을 감행하기 전에 흔히 내뱉곤 하던 "주사위는 던져졌다."는 말을 남기고는 서둘러 강을 건넜다. 그때부터 그는 줄곧 전속력으로 행군하여 날이 새기 전에 아리미눔으로 쳐들어가 점령했다.    -505~506쪽

그가 루비콘강을 넘자 "속주의 경계가 무너지면서 국가의 법질서도 무너졌"고, "도시들 자체가 일어나 이리저리 도망 다니는 듯

했다"라고 『영웅전』은 전합니다. 한 사람의 결단이 로마 전체를 뒤흔들어놓은 것입니다.

하지만 이처럼 과단성 있는 카이사르의 성격은 그 자신의 죽음을 재촉합니다. 그는 집권 후 종신 독재관에 오르고 왕좌까지 탐내기 시작합니다. 공식 행사에서 원로원 의원들이 다가오는데도 자리에서 일어나지 않고 불손하게 대합니다. 축제 때 그의 최측근인 안토니우스가 월계관 머리띠를 카이사르에게 바치는 퍼포먼스를 하기도 합니다. 자신감이 지나치다 못해 교만이 된 것입니다. 그와 측근들의 이러한 모습에 원로원은 물론 시민들도 눈살을 찌푸립니다.

카이사르의 신임을 받던 브루투스를 비롯한 원로원 의원들은 그의 암살을 계획합니다. 카이사르가 원로원에 들어가는 날 아침, 그의 아내는 악몽을 꾸었다며 그의 앞을 막아섭니다. 카이사르는 회의를 연기하려고 하지만 "원로원에서 당신을 모든 속주의 왕으로 선포하기로 했다"라는 암살 모의 세력의 꼬임에 넘어갑니다. 그가 원로원에 들어가는 길에 한 사람이 그에게 암살 경고문을 건넵니다. 하지만 경고문을 손에만 쥔 채 사람들에게 떠밀려 죽음의 덫으로 들어갑니다. 이렇게 여러 번의 기회를 놓친 원인은 자신의 권력이 절대적이라고 믿었던 그의 자만에 있습니다.

자신감은 순풍이 불 때는 더할 나위 없이 좋은 덕목입니다. 그러나 역풍이 불 때는 최악의 시나리오로 이어집니다. 자신감으로 일어선 자, 자신감으로 무너집니다. 자신의 강점을 잘 활용하되 그 강점이 가져올 수 있는 위험을 경계해야 합니다.

## 안토니우스: '하마르티아'가 위험한 인간관계와 만날 때

한 인물이 지닌 단점이 큰 실패나 비극을 불러오는 것을 '하마르티아(hamartia)'라고 합니다. '잘못을 저지르다'라는 뜻의 그리스어에서 유래된 말인데요. 비극의 주인공이 지닌 선천적인 결함 또는 단점을 의미합니다. 아리스토텔레스의 『시학』에 따르면 비극의 주인공은 자신이 저지른 악(惡)이 아니라 판단의 오류나 지식의 부족, 상황 인식의 실패에서 비롯된 하마르티아 때문에 파국을 맞게 됩니다.

『영웅전』에서는 하마르티아의 개념이 역사적 인물들의 실제 삶에서 구체적으로 드러납니다. 위대한 지도자들조차 어쩔 수 없이 가지고 있던 선천적 결함 때문에 비극적 실수를 하거나 죽음으로 치닫습니다. 그렇다면 『영웅전』에서 하마르티아로 인해 가장 나락으로 떨어진 인물은 누구일까요? 바로 마르쿠스 안토니우스(기원전 82년~30년)입니다.

안토니우스는 고대 로마의 군인이자 정치가입니다. 그는 카이사르의 심복으로 갈리아 원정 당시 로마에 남아 호민관으로 카이사르의 정치적 입장을 대변했습니다. 카이사르가 루비콘강을 넘을 때도 함께했으며, 폼페이우스와의 전쟁에서도 승리에 결정적 역할을 했습니다.

　기원전 44년 카이사르가 암살된 후에는 카이사르의 양자인 옥타비아누스(이후 로마제국 초대 황제인 아우구스투스)와 '제2차 삼두정치'를 형성하며 로마제국을 동과 서로 나눠 가졌습니다. 그러나 이집트 여왕 클레오파트라에게 빠져 쾌락에 젖어 살다가 악티움 해전에서 완패한 후 스스로 목숨을 끊습니다.

　로마의 절반을 다스리던 그가 왜 그토록 참담한 죽음을 맞아야 했을까요? 플루타르코스는 안토니우스의 청년 시절부터 조명합니다. 촉망받는 젊은이였던 그에게 "친근한 우정이 역병처럼 엄습"합니다. 친구인 쿠리오가 안토니우스를 술 잔치와 연애 사건에 끌어들여 엄청난 돈을 낭비하게 한 것입니다.

　이 일로 집에서 쫓겨난 안토니우스는 그리스에 가서 군사훈련과 웅변 공부를 합니다. 하지만 "거드름을 피우고 우쭐대고 허세와 뒤틀린 야망으로 가득 찬 아시아식 웅변"을 즐깁니다. 어떻습니까? 친구에게 넘어가 돈이나 펑펑 쓰며 잘난 척 으스대는 젊은이의 모습이 떠오르지 않나요?

　안토니우스가 주목받기 시작한 건 기병대장으로 시리아 원정에 참가하면서입니다. 그는 용맹을 떨치며 지휘관의 능력을 보여줍니다. 특히, 자신이 헤라클레스의 후손이라며 그를 흉내 낸 옷차림을 하면서 병사들과 스스럼없이 어울립니다. 그들에게 아낌없이 호의를 베풀어 충성을 이끌어냅니다. 그는 카이사르의 휘하에 들어가면서 출셋길을 달리기 시작합니다. 그러나 『영웅전』은 그에 대해 혹평을 합니다.

> 안토니우스는 다른 사람들에게는 미움을 샀다. 안토니우스는 나태하여 억울한 일을 당한 사람의 하소연에 주의를 기울이지 않았고, 청원자의 말에 화를 내는가 하면 남의 아내와의 불륜 관계로 악명이 높았기 때문이다.
> - 566쪽

오죽하면 카이사르가 인기를 잃은 가장 큰 이유가 안토니우스의 탈선이었다고 할 정도입니다.

안토니우스는 이성보다는 감정이 앞서는 성격이었던 것 같습니다. 단순하고 우직해서 전쟁에 나가면 물불 안 가리고 싸우지만 감정에 휘둘려 자제력이 부족하고 때로는 우유부단한 성격인 것이죠. 그러한 그의 기질이 일을 망쳐놓는 경우가 많았고, 아첨하는 이들에게 '찬사의 포로'가 되고는 했다고 합니다.

이쯤 되면 심각하게 미워할 순 없지만 가까이 있으면 피곤하고 짜증나는 스타일 아닐까요? 문제는 그런 안토니우스가 카이사르가 죽은 뒤 아이귑토스(이집트)의 여왕 클레오파트라를 만나게 됐다는 데 있습니다. 플루타르코스는 이렇게 지적합니다.

> 안토니우스의 성격이 이렇다 보니 클레오파트라와의 사랑은 그에게 결정적인 재앙으로 다가왔다. 그것은 지금까지 그의 내면에 숨어 있던 열정을 미치도록 자극했고, 아직도 유혹에 저항할 수 있던 선한 자

질을 말살하고 파괴해버렸던 것이다. －589쪽

    클레오파트라는 군인 티에 평민 티까지 나는 안토니우스를 스스럼없이 당돌하게 대합니다. "그녀와의 교제는 저항할 수 없이 사람을 사로잡는 데가 있었고, 그녀의 신체적인 매력은 그녀의 설득력 있는 대화와 그녀가 다른 사람과 같이 있을 때 풍기는 독특한 분위기와 어우러져 사람을 홀리는 구석이 있었다"라고 『영웅전』은 전합니다. 그렇게 그녀에게 영혼을 완전히 빼앗긴 안토니우스는 온갖 환락을 위해 귀중한 시간을 탕진합니다. 두 사람은 '모방할 수 없는 생활인들의 동아리'라는 이름의 친목 단체까지 결성해 날마다 연회를 베풉니다.

    안토니우스의 하마르티아가 가장 크게 드러난 것은 옥타비아누스와의 마지막 결전, 악티움 해전에서였습니다. 그리스 악티움 앞바다에서 옥타비아누스의 함대와 안토니우스의 함대가 맞붙습니다. 이때 안토니우스의 함대와 함께 있던 클레오파트라의 함선이 결정적인 사고를 칩니다. 전투가 어느 한쪽으로 기울지 않았는데, 갑자기 클레오파트라의 함선 60척이 도주하기 위해 돛을 올리고 전함들 한가운데를 지나간 것입니다. 안토니우스는 어떻게 했을까요?

    안토니우스는 그녀의 배가 떠나는 것을 보자마자 모든 일을 잊어버리고 자신을 위해 싸우며 죽어가는 사람들을 배신하고 달아납니다. "한 여인과 한 몸이 되어 그녀가 가는 곳으로 따라가야 하는 양 그녀에게 "끌려"간 것입니다. 이때 안토니우스를 지배하고 있던 것은 "지휘관이나 장부(丈夫)의 생각"은커녕 최소한의 상식적인 생각도 아니었습니다.

플루타르코스는 "그는 이미 자신을 파멸시켰고 곧 그 파멸을 완성시키게 될 여인을 뒤쫓았다"라고 개탄합니다. 이 어이없는 퇴각으로 안토니우스는 죽음을 향해 직진합니다. 자신의 명운이 걸린 중대한 전투에서 개인 감정에 빠져 갈팡질팡하는 그의 모습을 적나라하게 보여주는 장면입니다. 군인으로서는 용맹했지만 지도자로서는 나약하기 그지없던 민낯이 생생하게 그려집니다.

만약 안토니우스가 자신의 감정적 취약점을 알고 제대로 대응했다면 그렇게 삽시간에 무너지는 일은 없었을 것입니다. 더 정확히 말하면, 클레오파트라와의 맹목적인 관계만 없었다면 그는 악티움 전투와 같은 최악의 모습은 보이지 않았을 것입니다. 어떤 인물의 취약점이 극대화되는 순간은 만나지 말아야 할 인간관계와 만났을 때입니다. 그것은 그리스 로마 시대나 지금이나 다르지 않습니다.


**페리클레스: 놀라운 자제력, 하지만 그 역시 울음을 터뜨렸다**

아테나이의 민주주의를 꽃피운 정치인 페리클레스는 완벽에 가까운 인물로 그려집니다. 플루타르코스는 그에 대하여 "온유함과 올바름, 백성들과 동료 관리의 어리석음을 참는 능력에 힘입어 조국에 크게 이바지했다"라고 평가합니다.

30년 가까이 아테나이를 이끈 그의 성격을 보여주는 상징적 일화가 있습니다. 어떤 시민이 온종일 페리클레스를 따라다니며 행패를 부리고 모욕하고 욕설을 합니다. 그래도 그는 묵묵히 참습니다. 저녁이 되어 집으로 돌아가는데, 그자가 또다시 뒤따라오며 온갖 욕설을 퍼붓습니다. 이때 페리클레스는 어떻게 했을까요? 날이 어둑어둑해지자 그는 하인을 시켜 횃불을 들고 그자를 안전하게 집에까지 데려다주게 했다고 합니다. 그의 자제력이 얼마나 강한지 보여주는 에피소드입니다. 그뿐이 아닙니다. 그는 정치가가 된 후 생활방식을 완전히 바꿉니다.

> 시내에서는 오직 광장과 시청으로 걸어가는 그의 모습만 볼 수 있었다. 어떤 저녁 식사 초대에도 응하지 않았고, 그런 종류의 즐거운 모임은 모두 포기했다. 정계에 몸담고 있던 기나긴 세월 동안 그는 저녁 먹으러 친구 집에 간 적이 단 한 번도 없었다. — 193~194쪽

어떤 정치인이 이 정도로 스스로에게 엄격할 수 있을까요? 또 페리클레스는 민중이 싫증 내지 않도록 급한 사안에만 이따금 모습을 드러냈다고 합니다. 그의 신중한 성격은 아테나이의 정치는 물론 군사작전에서도 승리를 이끌어냅니다. "민중의 희망과 두려움을 두 개의 키처럼 이용하고", "불확실성과 위험이 따르는 전투

를 자진해 감행하지 않았기 때문"입니다.

그러나 페리클레스에게도 인간적 약점이 있었습니다. "집 안에 젊은 창녀들을 두고 정직하지도, 점잖지도 못한 직업에 종사하는" 밀레토스 출신 여성 아스파시아와 깊은 관계를 유지했습니다. 두 사람의 관계는 종종 반대파의 공격 대상이 되고는 했습니다. 또 스파르테와의 펠로폰네소스 전쟁 초기 역병이 창궐하는 상황이 벌어졌는데, 반대파들은 페리클레스가 농촌 주민들을 도시로 몰아넣은 탓이라고 비판합니다.

그 역병으로 페리클레스 역시 누이를 잃고, 친척과 친구와 국정 운영에 큰 힘이 되던 사람 대부분을 잃습니다. 그럼에도 그는 "고결하고 위대한 정신을 포기하지 않았으며, 가장 가까운 친척의 장례식 때나 무덤가에서도 눈물을 보이지 않았다"고 합니다. 하지만 마지막 남은 아들인 파랄로스를 잃었을 때는 달랐습니다.

> 그는 이 타격에 기진맥진했으나 평소의 자세를 흐트러뜨리지 않고 위대한 정신을 견지하려 했다. 그러나 시신에 화환을 얹는 순간 그 광경에 압도되어 갑자기 울음을 터뜨리며 눈물을 쏟았는데, 그것은 그가 살아오는 동안 여태까지 한 번도 보이지 않았던 행동이었다. -237쪽

그리고 그 자신도 역병에 쓰러지고 맙니다. 합리성과 온유함, 청렴함, 설득력, 비전, 위기 상황에서의 굳건함…. 페리클레스의 숱한 덕목 가운데 하나만 꼽는다면 바로 '자제력'입니다. 감정에

휩쓸리지 않고, 개인적 이익보다 공익을 우선시하며, 개인적 모욕에도 동요하지 않는 평정심을 유지했습니다. 하지만 그 역시 인간이란 운명이 주는 슬픔 앞에서는 자제력을 잃을 수밖에 없었습니다.

## 사람의 개성과 동기를 이해하는 지혜

이제 우리는 알렉산드로스도, 카이사르도, 안토니우스도, 페리클레스도 저마다 피와 살, 그리고 개성을 지닌 인간임을 알게 되었습니다. 그들의 개성은 그들만의 독특한 성격을 형성했고, 그들의 운명을 좌우했습니다. 그들이 자신의 장점을 잘 활용할 때는 영웅이 되었지만 단점에 휘청거릴 때는 나락으로 굴러 떨어졌습니다.

플루타르코스의 섬세한 인물 묘사는 그리스 로마의 영웅들을 단순한 영웅이 아니라 복합적인 성격을 지닌 사람으로 그려내고 있습니다. 사람의 성격이 중요한 이유는 사태의 출발점이자 앞으로의 전개 방향을 알려주는 나침반이기 때문입니다. '성격이 곧 운명'이란 말도 있지만, 어떤 인물들의 성격은 때로는 운명을 넘어 역사가 됩니다. 대수롭지 않은 단점이 치명적인 '하마르티아'가 되어 운명을 불구덩이 속으로 집어넣기도 합니다.

『영웅전』은 살아가는 데 있어 사람에 대한 이해가 얼마나 중요한지를 말해주고 있습니다. 모든 것이 담긴 판도라의 상자인 개성, 그리고 동기를 이해하려 노력해야 합니다. 그러기 위해 눈에 보이는 행동 뒤에 어떤 내적 갈등이 소용돌이치고 있는가를 생각해보아야 합니다. 플루타르코스가 역사적 인물들을 통해 이야기하고자 했던 것은 이러한 인간 이해의 지혜가 아닐까요?

제가 취재 현장에서 만난 분들을 보면 자기 마음을 자신도 모르는 경우가 많았습니다. 정치인이나 고위공직자들이 특히 그러했습니다. 입으로만 "국민을 위해 헌신하고 봉사하겠다"라고 하는 것이 아니었습니다. 실제로도 그렇게 생각했습니다.

하지만 자신은 자리에 욕심이 있었던 것인데, 자신이 잘할 수 있는 일이라 했던 것인데, 유능하다는 말을 듣고 싶었던 것인데 그걸 공익으로 착각한 경우가 많았습니다. '셀프 가스라이팅'이라고 해야 할까요. 그렇게 자기 자신의 동기를 잘 알지 못한 채 움직이다 보면 좋은 결과를 거두기 어렵습니다. 이렇듯 인간의 동기란 겉으로 나타나는 것보다 훨씬 더 깊고 복잡합니다.

인간의 다층적인 내면에 관심을 갖는 자세는 단순히 지식을 쌓는 수준을 뛰어넘습니다. 다른 사람의 내면을 있는 그대로 받아들일 때 우리는 좀 더 너그럽고 포용력 있는 사람이 될 수 있습니다. 그러할 때 우리의 시야는 자기 앞가림에 급급한 차원을 벗어나게 됩니다. 함께 살아가는 사람들의 삶을 더 깊이 이해할 수 있게 됩니다.

한마디 덧붙이자면, 이렇게 사람을 깊이 이해할 수 있게 하는 것은 『영웅전』만이 아닙니다. 『삼국지』에 나오는 유비, 조조, 관우, 장비, 제갈량, 사마의를 보며 사람 공부를 할 수 있습니다. 소설에 등장하는 인물들의 선택을 보면서도 우리는 '아, 저렇게 하면 안 되는데', '아, 저때 저것을 했어야 하는데' 하는 가상 체험을 하게 됩니다.

우리가 책을 읽는 이유 중 하나는 이러한 일종의 시뮬레이션을 하기 위해서입니다. 실제 상황에서 겪기 전에 간접 체험을 하고 나면 보다 나은 결정을 할 수 있습니다. 책을 늘 곁에 두는 사람의 판단이 남다른 것은 그 때문입니다. 여러분, AI에게 책 내용을 요약하라고, 책 읽는 것까지 맡기지는 않았으면 합니다. 책은 꼭 자신의 눈으로 읽으십시오. 그래야 사람을 익히고 배울 수 있습니다.

# 3부

세상을 다르게
바라보는 시선

# 키케로

어떻게 기세로
사태를 장악하는가

카틸리나,
당신은 언제까지 우리 인내를 남용할 것인가?
얼마나 오랫동안 당신의 광기가
우리를 조롱할 것인가?

"김 검사님 계십니까?"

기자 시절 가장 힘들고 막막했던 기억이 무엇이냐고 묻는다면 저는 '검찰청 검사실 앞'을 떠올릴 수밖에 없습니다. 검사실 문을 노크할 때마다 초조함에 온몸이 굳는 듯했습니다. 아무런 용건도 없이, 물어볼 내용도 없이 시쳇말로 '맨땅에 헤딩'을 해야 하는 상황. '면박을 당하면 어쩌지? 친하지도 않은 사람에게 어떻게 말을 붙이지?' 그 상황이 죽기보다 싫은 저 자신이 싫었습니다.

저는 흔히 말하는 '대문자 I', 즉 내향형입니다. 중·고등학생 때, 수업 시간에 일어나서 교과서를 읽는 것만으로도 얼굴이 달아오르고 목소리가 떨렸습니다. 그랬던 제가 어쩌다 기자가 되겠다고 마음먹었는지 지금 생각해도 신기합니다. 불을 극도로 무서워하는 사람이 소방관이 되겠다고 나선 격이니까요.

"글 쓰는 거 좋아하니까 기자가 딱이겠네!"

대학 시절, 누군가의 한마디가 저의 인생을 바꿔놓았습니다. 그때만 해도 기자라는 직업은 글만 쓰면 되는 줄 알았습니다. 자료 찾아보고, 상황 분석하고, 세상의 진실을 밝혀내는… 그런 일인 줄 알았습니다.

하지만 현실은 달랐습니다. 매일 반복되는 아침 보고, 일주일에 한두 번씩 열리는 기획회의, 끝없이 이어지는 전화 통화, 취재원의 한마디를 듣기 위한 안간힘, 마감 시간의 압박, 데스크의 매서운 지적….

기자 생활은 매일 전쟁터에 끌려가는 것과 다름없었습니다. 그러다 어느 날 팀장이 되었습니다. 피하고 싶다고 피할 수 있는 일이 아니었죠. 부장이 되면서는 부서 회의에서 지시도 해야 했고, 편집국장이 주재하는 편집회의에 들어가 보고도 해야 했습니다. 모두의 시선이 저를 향할 때마다 목구멍이 바짝 타들어가는 기분이었습니다.

"이 보도는 이렇게 가야 합니다." "저 기사는 이 각도로 쓰는 게 맞습니다." "○○일보가 보도했다고 해서 그대로 따라가면 안 됩니다." 처음에는 마치 역할극을 하는 것 같았지만 언제부턴가 그 연기가 실제가 되기 시작했습니다. '내가 말하지 않으면 대신 해줄 사람이 없다'는 자각이 해야 할 말을 입 밖으로 나오게 했습니다. 중요한 건 내향형이냐, 외향형이냐가 아니었습니다. 할 수밖에 없다면 해보자는 '기세'였습니다.

칼럼 쓰는 일에는 기세가 더욱 중요했습니다. 글을 쓰다 보면

이 선을 넘을까, 말까를 고민하는 지점을 만나게 됩니다. 이른바 보수로 분류되는 일간지에서 이렇게 써도 되나, 하는 물음표가 고개를 듭니다. 하지만 저는 그런 계통에는 융통성이 없는 사람입니다. 대충 눈치 보며 쓰는 것은 하고 싶어도 할 수가 없었습니다. 글이 가리키는 방향을 스스로 무너뜨릴 수는 없었습니다. 호랑이 등에 업힌 것처럼 글의 기세를 타고, 글이 갈 수 있는 데까지 달릴 수밖에 없었습니다.

그러다 우연히 읽게 된 고대 로마의 연설가 마르쿠스 툴리우스 키케로의 이야기는 제게 신선한 울림을 주었습니다. 기원전 63년, 로마 원로원에 선 키케로는 공화정을 전복시키려는 카틸리나를 향해 외칩니다.

"카틸리나, 당신은 언제까지 우리 인내를 남용할 것인가(Quousque tandem abutere, Catilina, patientia nostra)?"

단 한마디로 카틸리나를 얼어붙게 만든 그의 기세, 그것은 무엇이었을까요? 세상을 바꾸는 연설에는 어떤 비법이 숨어 있는지, 확신에 찬 기세가 어떻게 사람들의 마음을 사로잡는지, 저는 키케로를 통해 배우기 시작했습니다.


**키케로가 '실세 베레스'를 무너뜨린 비장의 무기**

법정에서는 정의와 생명, 자유를 놓고 재판부를 설득하기 위한 전쟁이 벌어집니다. 아무리 훌륭한 재판부도 양쪽 다 이기게 할수는 없습니다. 오직 한쪽의 손만 들어주어야 합니다. 법정에서 설득을 위한 싸움이 절박하게 벌어질 수밖에 없는 이유입니다.

마르쿠스 툴리우스 키케로(기원전 106년~43년)는 고대 로마의 법정에서 무엇이 정의인지를 놓고 싸운 대표적 인물입니다. 그는 로마의 집정관을 지낸 정치인이자 수많은 법정 변론에서 승리를 거둔 법률가였습니다. 또한 '의무론', '우정론', '노년론' 등을 통해 로마인들에게 그리스 철학을 전파한 철학자이기도 합니다. 키케로는 카이사르가 죽고 '제2차 삼두정치'가 출범한 후 안토니우스에게 암살당합니다. 하지만 그의 사상과 글은 중세와 르네상스를 거쳐 근대에까지 영향을 미쳤습니다.

키케로가 정치인과 법률가로 성공할 수 있었던 것은 그리스 철학과 수사학을 연설에 활용했기 때문입니다. 아리스토텔레스가 학문적 측면에서 설득에 관한 이론을 펼쳤다면, 키케로는 실전에 뛰어들어 진검승부를 벌였다고 할 수 있습니다.

키케로는 연설에 관한 노하우를 정리한 『연설가에 대하여』*에서 자신의 연설이 즉흥적으로 쏟아낸 말이 아니라 5단계의 체계적인 가공 과정을 거쳐 나왔다고 설명합니다. 먼저, 연설 주제와 관련된 자료들을 수집한 뒤(발견) 연설 내용을 사실관계와 논리, 반론 등으로 구성합니다(배열). 이어 연설에 담을 언어를 정교하

---

* 마르쿠스 툴리우스 키케로, 『연설가에 대하여』, 전영우 옮김, 민지사, 2013년

게 다듬고(표현), 연설 내용을 효과적으로 암기합니다(기억). 마지막 단계인 '전달'은 말의 음량과 속도, 제스처 등을 통해 연설 내용이 잘 전달될 수 있도록 하는 것입니다.

'베레스 탄핵 연설'*은 이 5단계를 거쳐 나온 키케로의 대표적인 연설입니다. 연설의 타깃인 가이우스 베레스는 기원전 73~71년 시켈리아 속주의 총독이었습니다. 그 3년간 베레스가 시켈리아 주민들을 얼마나 심하게 착취했던지, 총독직 퇴임 후 주민 대표들이 로마에 와서 그를 고발합니다. 키케로는 시켈리아 주민들을 대리해서 법정에 섭니다.

상황은 법정 드라마보다 더 긴박하게 흘러갑니다. 로마 정치의 실력자였던 베레스는 살아남기 위해 온갖 꼼수를 부립니다. 거짓 고발자를 내세우는가 하면, 키케로가 차기 안찰관 선거에 출마하자 선거를 방해합니다.

그의 재판 전략은 분명했습니다. "무조건 버티면 이긴다." 자기편 법무관이 취임하는 다음 해까지 재판을 미루는 것이었죠. 특히 그와 가까운 호르텐시우스가 차기 집정관에 당선됐기에 베레스로서는 4~5개월만 잘 버티면 되는 상황이었습니다.

그러나 키케로는 코웃음을 쳤습니다. "미안하지만 당신의 운명은 여기까지다." 상황이 상대편에 유리하게 흘러가고 있지만 그에게는 비장의 무기가 있었습니다. 바로 '기세'였습니다. 기세.

---

* 마르쿠스 툴리우스 키케로, 『설득의 정치』, 김남우 외 옮김, 민음사, 2015년, 89~120쪽

어디서 많이 들어본 단어 아닌가요?

영화 「기생충」에서 기우(최우식 분)가 박 사장 집에 과외교사 테스트를 받으러 간 장면에서 박 사장의 딸 다혜(정지소 분)에게 이렇게 말합니다.

"시험이라는 게 뭐야? 앞으로 치고 나가는 거야. 그 흐름을, 그 리듬을 놓치면 완전 꽝이야. 24번 정답? 관심 없어. 나는 오로지 다혜가 이 시험 전체를 어떻게 치고 나가는가, 장악하는가, 거기에만 관심 있다. 실전은 기세야. 기세!"

그렇습니다. 기세는 앞으로 치고 나가는 것이고, 사태를 장악하는 것입니다. 압도적인 자신감으로 불리하던 흐름을 단숨에 바꿔놓는 것입니다. 이러한 기세는 상대방이 움찔하고 도망치고 싶게 만드는 아우라가 됩니다.

### 사건의 의미를 집요하게 부각시키는 이유

키케로는 베레스 재판에서 이 기세의 정의를 제대로 보여줍니다. 연설 구성부터 파격적입니다. "존경하는 심판인 여러분"과 같은 의례적인 인사 따위는 입에 올릴 마음이 없습니다. 좌우를 돌아보지 않고 본론으로 직진합니다.

그는 "요즘 재판에서는 돈만 있으면 아무리 악한 사람일지라도 무죄 판결을 받을 수 있다는 소문이 이미 오래전부터 널리 퍼져 있다"는 사실부터 지적합니다. 자신은 "이런 나쁜 소문을 없애고자 이 고발 사건을 맡았다"며 "심판인 여러분이 준엄하고 양심적으로 재판해야 하는 사건"이라고 강조합니다. 그는 사건의 의미를 이렇게 제시합니다.

> 만약 그의 막대한 재산 때문에 재판의 신성함과 진실이 외면된다면, 심판인들에게 피고인이 있었고, 피고인에게 고발자가 있었으나 국가에는 진정한 재판이 없었음을 알게 될 것입니다.     −93쪽

키케로는 심판인(배심원)들에게 그들이 얼마나 막중한 책임을 지고 있는지 경각심을 불러일으킵니다. 그럼으로써 재판에 임하는 자세를 바르게 할 것을 요청하는 것입니다. 왜 이렇게 단도직입적으로 치고 들어가는 것일까요? 시간적 여유가 많지 않기도 했지만, 심판인들의 마음을 속도감 있게 장악하려는 것입니다.

키케로는 자신을 향한 베레스의 흉악한 음모를 폭로함으로써 현재 얼마나 비상한 상황인지를 알립니다. "베레스 측에선 돈으로 무너뜨리지 못할 신성함도, 견고함도 없다"라고 주장합니다. 뒤이어 자신이 "50일 동안 시켈리아를 모두 뒤지고 다니며 인민과 개인이 당한 불법행위와 증거자료를 찾아냈다"라며 베레스의 악행을 하나하나 고발합니다.

임지에서 귀환하자마자 베레스는 엄청난 돈으로 판결을 매수했습니

다. 매수 계약은 심판인의 기피 절차가 끝날 때까지 유효했습니다. 심판인 기피 절차가 진행된 이후 (중략) 그 계약은 완전히 파기되었습니다. (중략) 하지만 갑자기 최근 며칠 동안 집정관 선거가 치러지자 그는 더 많은 돈을 투입하여 옛 계획을 다시 시도했으며, 같은 사람들을 동원하여 심판인 여러분의 명성과 모든 사람의 운명에 대해 음모를 준비했습니다.
- 99~100쪽

베레스의 음모를 밝힌 키케로는 다시 한번 이 사건의 의미를 힘주어 말합니다. "이번 재판은 원로원 전체가 받는 미움과 증오, 불명예와 수치를 벗어버릴 기회"라고요. 그가 사건의 의미를 계속해서 부각시키는 이유는 심판인들이 키케로 자신의 관점에서 베레스를 바라보도록 하기 위해서입니다. 자신이 조사한 사실들에 따라, 그 사실들이 가리키는 결론에 따라 베레스를 평가하도록 하기 위해서입니다.

키케로의 주장은 단순하면서도 힘이 있습니다. 아니, 단순하기 때문에 힘이 있습니다. 그는 "베레스가 탐욕스러운 많은 짓을, 로마 시민과 동맹 시민에게 잔인한 많은 짓을, 신과 인간에게 불경한 많은 짓을 저지른 것을 입증하겠다"라고 선언합니다. 베레스를 향한 강력한 의지는 연설 곳곳에서 쉬지 않고 표출됩니다.

원로원 전체가 소수의 파렴치와 오만에 시달리고 재판의 추문에 신음하고 있는 상황에서 저는, 약속하노니, 이런 인간의 사나운 고발자이

고자 합니다. 무섭고 끈질기며 혹독한 적이 되고자 합니다.　　　 - 109쪽

저는 이 생명이 다할 때까지 저들의 부정직함을 추적하는 데 저의 힘과 불굴의 의지를 보여 줄 것입니다.　　　 - 115쪽

베레스는 키케로의 탄핵 연설을 들으며 '무슨 일이 있어도 당신을 처벌하고 말겠다'는 기개에 간담이 서늘해졌을 것입니다. 그를 도우려고 했던 배후 세력도 도저히 승산이 없다는 걸 깨달았을 테고요. 베레스는 이날 재판이 끝나자마자 기약 없는 망명길에 오릅니다.

## 긴박한 내란 상황 속 '카틸리나 탄핵 연설'

'베레스 탄핵 연설'도 '카틸리나 탄핵 연설'*에 비하면 그야말로 예고편일 뿐입니다. '카틸리나 탄핵 연설'은 기원전 63년 로마 집정관이던 키케로가 원로원에서 네 차례에 걸쳐 했던 연설을 가리킵니다. 먼저 키케로가 카틸리나 탄핵에 나섰던 사회적 배경부터 짚어보겠습니다.

당시 로마는 심각한 정치적 혼돈에 빠져 있었습니다. 이 틈을

---

\* 위의 책 『설득의 정치』, 121~145쪽

타 로마의 귀족 출신인 루키우스 세르기우스 카틸리나는 정부 전복의 음모를 꾸미기 시작합니다. 아프리카 속주 총독이었던 그는 베레스처럼 속주 주민들을 착취한 혐의로 기소된 상태였습니다. 카틸리나는 베레스보다 훨씬 더 크게 판을 뒤엎으려 합니다. 정치의 전면에 직접 나선 것입니다.

카틸리나는 막대한 부채 문제까지 한꺼번에 해결하기 위해 집정관 선거에 출마합니다. 하지만 연거푸 키케로에게 패배합니다. 그러자 무리를 모아 반역을 모의합니다. 카틸리나 일당은 주요 인사들을 살해하고 이탈리아의 각 지역에서 군대를 일으켜 로마로 진군하기로 계획합니다.

그해 9월, '반역'의 첩보를 입수한 집정관 키케로는 빠르게 움직입니다. 그는 증거를 확보한 후 10월 21일 원로원 결의로 국가비상사태를 선포합니다. 이런 상황 속에서도 카틸리나는 "반역 음모는 조작된 것"이라고 강변하며 로마에 남아 있었습니다. 해야 할 일이 있었기 때문입니다. 그는 11월 5일 저녁부터 다음 날 새벽까지 동지들과 만나 11월 7일을 'D - 데이'로 정하고 키케로를 암살하기로 모의합니다.

이 사실을 파악한 키케로는 암살 시도를 저지한 후 당일(7일)에 카틸리나를 고발하는 연설을 합니다. 그 첫 번째 연설이 제가 말씀드리려는 탄핵 연설입니다. 연설의 목표는 명확했습니다. 긴박한 위기 상황에서 사태의 진상을 최대한 빠르게 알리고 대응책을 제시하는 것이었습니다.

키케로는 이 연설에서 특이하게도 두 가지 어법을 구사합니다. 카틸리나를 직접 공격할 때는 원로원에 참석한 그를 향해 말하고, 원로원 의원들의 지지를 구할 때는 의원들에게 고개를 돌려 말합니다. (번역본은 카틸리나에게는 반말을, 원로원 의원들에게는 경어체를 쓰고 있습니다.) 어디까지나 연설의 효과를 극대화하기 위한 장치였죠. 키케로는 연설 시작과 동시에 한 치의 망설임 없이 카틸리나를 향해 직격탄을 날립니다.

> 카틸리나, 당신은 언제까지 우리 인내를 남용할 것인가? 얼마나 오랫동안 당신의 광기가 우리를 조롱할 것인가? 어디까지 당신의 고삐 풀린 만용이 날뛰도록 놓아 둘 것인가? (중략) 당신 계획이 백일하에 드러났음을 느끼지 못하는가?
> — 124쪽

여러분이 연설 현장에 있었다면 카틸리나의 상기된 얼굴을 볼 수 있었을 것입니다. 이처럼 강력한 도입부는 '카틸리나를 탄핵한다'는 연설의 목적을 확실하게 보여줍니다. 이 물음 뒤에 또 다른 물음이 숨 가쁘게 이어집니다.

> 어젯밤에, 그저께 밤에 당신이 무엇을 했는지, 어디에 있었는지, 누구를 불러 모았는지, 어떤 계획을 꾸몄는지, 당신은 우리 가운데 누가 모를 것으로 생각하는가?
> — 124~125쪽

카틸리나의 반역 음모는 오랜 시간이 지난 일이 아닙니다. 그저께 밤에 이어 어젯밤에도 진행되었던 일입니다. 키케로는 시간은 물론 장소까지 특정해가며 위기감을 고조시킵니다. "당신은 어제 저녁 대장장이 골목의 마르쿠스 라이카 집을 찾아갔고, 그곳에는 같은 광기와 범죄의 동지들이 다수 모여 있었다." 키케로는 "당신은 라이카의 집에서 어젯밤 이탈리아의 각 지방을 분배해 주었다. 각자에게 어디로 출발해야 할지를 정해 주었다"라고 말합니다.

주목해야 할 대목은 키케로가 '내란 공모가 바로 어젯밤 일어난 일'이라고 지목하고 있다는 것입니다. 그의 연설을 듣는 사람들은 얼마나 아찔했을까요? 키케로는 "이곳 원로원에도 어제 당신과 함께 있었던 몇몇 사람이 보인다"라고 덧붙임으로써 긴장감을 한 단계 더 끌어올립니다. 뒤이어 자신을 겨냥했던 위해(危害) 시도를 언급할 때 긴장은 정점에 다다릅니다.

> 로마 기사 신분의 두 사람이 일어나, 당신의 근심을 덜어 주겠다, 날이 밝기 전에 그날 밤으로 나를 나의 침실에서 죽여 버리겠다 약속했다. 나는 이 모든 걸 당신의 회합이 끝나자마자 전해 들었으며, 내 집에 더 많은 호위병을 보강하여 대비했으며, 내 아침 안부를 물으라고 당신이 보낸 사람들을 제압했다.
> —129~130쪽

그리고, 키케로는 카틸리나 일당의 살해 음모는 자신이 집정관에 취임하기 전부터 있었다고 제시합니다.

> 당신은 집정관 당선인인 나를, 이후 집정관인 나를 죽이려고 한 것이 몇 차례나 되는가! 나는 피할 수 없을 것 같았던 당신의 공격을 아슬아슬하게 피했고, 흔히 하는 말로 몸을 틀어 벗어났다. - 132~133쪽

키케로는 '아슬아슬하게 피해서', '몸을 틀어 벗어나서' 겨우 살아났다고 말합니다. 위태로운 순간을 긴박감 넘치게 설명하는 것이죠. 듣는 이들의 팔에 소름이 돋지 않았을까요? 적진을 향해 전속력으로 돌진하는 키케로의 기세가 느껴집니다. 상황 자체가 위급했다고 해도 이 정도로 피부에 와닿게 느껴지게 하는 것은 쉽지 않은 일입니다. 경탄할 수밖에 없는 표현력입니다.

### "당신은 로마의 적", 위기 커뮤니케이션의 교과서

그런데, 키케로에게 던지고 싶은 질문이 하나 있습니다. 그는 왜 이 위급한 상황에서 카틸리나를 즉각 체포하지 않는 걸까요? 이 정도 사실이 확인됐다면 바로 그를 체포해도 문제없지 않을까요?

이유는 카틸리나에게 "로마를 떠나 너희 도당들과 함께하라"고 말하기 위해서입니다. 카틸리나가 떠난다면 "국가를 좀먹는 지독

한 인간쓰레기들이 수도 로마에서 사라지게 될 것"이기 때문입니다. 즉, 카틸리나를 로마에서 내보내면 그와 작당했던 자들도 함께 로마를 떠날 것이기 때문입니다. 키케로는 카틸리나에게 외칩니다. "가기로 했던 곳으로 이제 가라! 마침내 수도 로마를 떠나라!"

한 가지, 더 중요한 이유가 있습니다. 로마 시민들이 문제의 심각성에 공감하고, 한마음 한뜻으로 대응하도록 하기 위해서입니다. 만약 탄핵 연설을 하기 전에 카틸리나를 체포했다면 정치적 음모론이 제기될 수도 있습니다. 키케로가 정적인 카틸리나를 숙청하기 위해 내란 음모 사건을 조작했다는 반격이 나올 수도 있는 것이죠. 키케로가 먼저 연설을 통해 카틸리나 탄핵에 나선 것은 전략적으로 매우 적절해 보입니다. 주먹보다 법이, 아니, 말이 더 앞서야 할 때도 있는 법이니까요.

특히 흥미로운 점은 키케로가 카틸리나를 로마라는 공동체에서 분리시켜 나간다는 사실입니다. 키케로는 돌연 카틸리나를 향해 질문을 던집니다. "당신은 방금 원로원에 입장했는데, 이렇게 많은 사람들 가운데 누가 당신에게 인사를 했는가?" 그러고는 한 번 더 묻습니다. "당신이 도착했을 때 당신 주변 자리에서 사람들이 일어나는 것을 보니 어떠한가?"

키케로는 이 질문들을 통해 카틸리나를 로마 원로원에서 완벽하게 고립시키고 있는 것입니다. 확신에 찬 키케로의 손짓과 카틸리나의 창백한 얼굴, 그리고 그를 경계의 눈초리로 바라보는 원로원 의원들의 모습…. 키케로의 연설문을 읽으면 당시 원로원의 풍경이 눈앞에 선하게 다가옵니다.

'카틸리나 탄핵 연설'은 처음부터 끝까지 위기 커뮤니케이션의 교과서입니다. 키케로는 위험 상황을 경고하는 데 그치지 않습니다. 커뮤니케이션은 보다 높은 차원에서 이루어집니다. 그 핵심은 당면한 위기 상황을 명확한 언어로 재정의하는 것입니다. '우리가 왜, 누구 때문에 무슨 위험에 처해 있는가'를 분명한 주어와 동사, 목적어로 언어화하지 않으면 제대로 인식되지 않습니다. 한마디 삐끗하면 오해와 억측을 부르게 됩니다.

키케로는 카틸리나의 음모를 정치적 공방 수준을 넘어 '국가적 위기'로 규정합니다. 그는 "국가는 당신을 향해 침묵으로 이렇게 말한다"라며 다음과 같이 일갈합니다.

> 너는 법률과 재판 제도를 업신여겼을 뿐만 아니라 침해하고 훼손까지 했다. (중략) 이제 나는 너 하나 때문에 나 자신의 존립을 걱정하게 되었고, 아무리 작은 소리라도 소란이 들려오면, 카틸리나, 두려워하기에 이르렀다. 너의 범행 가운데 어떤 것도 나에게 해를 끼치지 않는 것이 없다. 이제 더는 참을 수 없다. 그러니 이제 떠나라! ─134쪽

키케로는 원로원 한가운데 서서 검투사가 최후의 일격을 가하듯 단호하게 규정합니다.

"카틸리나는 '로마 공화국의 적'이다."

원로원 의원들의 숨소리마저 멈춘 그 순간, 역사의 판도는 바뀝니다.

국가에 위기가 닥쳤을 때, 정치 지도자는 키케로처럼 위기의 성격을 분명하게 정의하고, 공감대를 다지며, 나아갈 방향을 제시해야 합니다. 그러지 않고서는 일치되고 지속적인 대응은 불가능합니다. 이와 함께, 위기와 관련된 사실관계를 선제적으로 공개해 의제(Agenda) 설정의 주도권을 확보해야 합니다. 키케로가 연설 초반부에 '어젯밤에, 그저께 밤에' 있었던 일들을 설명한 뒤 그것이 명명백백하게 확인된 것임을 강조한 것도 이 때문입니다. 이제 중요한 것은 굵고 진하게 마침표를 찍는 일입니다.

당신은 사방으로 포위되어 있다. 당신의 모든 음모는 빛보다 더욱 분명하게 우리에게 드러났다.
- 127~128쪽

'당신은 포위되어 있다'는 표현은 모든 상황이 종료되었음을 뜻합니다. 이렇듯 단계별로 밝힐 메시지의 내용과 타이밍을 치밀하게 정해두고, 그 계획에 따라 용의주도하게 실행하는 것이야말로 위기 커뮤니케이션의 핵심입니다.

연설의 클라이맥스에서 키케로는 원로원 의원들의 마음속에 있는 마지막 의문을 끄집어냅니다.

"왜 카틸리나를 죽이지 않고 로마를 공격하도록 내보내는 것인가?"

키케로는 이 의문이 풀려야 원로원 의원들이, 로마 시민들이 하나로 뭉쳐 행동에 나설 것임을 알고 있습니다.

키케로의 손가락은 카틸리나를 향합니다. "이 자를 죽인다면 이런 국가적 역병이 잠깐은 줄어들겠지만, 항구적 치료일 수는 없습니다." 반면에 카틸리나가 자기 패거리들을 데리고 떠난다면 모든 악의 뿌리와 씨앗이 일시에 제거되고 소멸될 것이라고 강조합니다. 그는 카틸리나만을 제거한다면 "위험은 뿌리를 내려 국가의 혈관과 골수 깊숙이 자리 잡게 될 것"이라며 이렇게 설명합니다.

> 심각한 질병을 앓는 사람들은 흔히 신열과 오한에 시달릴 때에 차가운 물을 마시면 처음에는 열이 내리는 것처럼 보이지만, 이내 더 심각하고 위중하게 앓게 됩니다. 꼭 그처럼 그런 처벌로 인해 잔당을 남기게 되면 국가의 질병은 더욱 심각해지고 위중해집니다. ─ 141~142쪽

반역을 질병에 비유해 설명한 것입니다. 머리로는 키케로의 주장이 옳다고 여기면서도 가슴까지 납득되지 못하던 이들에게 알기 쉬운 비유로 논리적 정당성을 각인시킵니다. 비유는 필요한 곳에 제대로 쓰이면 큰 힘을 발휘합니다. 망치로 "탕" 하고 마지막 대못을 박는 느낌이라고 할까요?

'카틸리나 탄핵 연설'의 기세는 '베레스 탄핵 연설'보다 훨씬 더 강해지고 세련돼졌습니다. 속력이 곱절은 높아졌으면서도 흔들

림은 오히려 줄어든 8기통 고급 세단을 연상시킵니다. 이러한 키케로의 기세는 로마를 위기에서 구하고 시민들을 하나로 단결시킵니다. 원로원에서 터져 나온 함성은 로마의 골목길을 타고 흘러 역사의 한 페이지가 됩니다.

## 키케로의 기세는 어디에서 나왔는가

기세는 과연 어디에서 나올까요? 저는 확신에서 나온다고 믿습니다. 만약 키케로에게 '베레스가 시켈리아 총독을 하면서 온갖 나쁜 짓을 했다'는 확신, '카틸리나가 로마를 전복시킬 음모를 꾸미고 있다'는 확신이 없었다면 그처럼 강도 높은 탄핵 연설은 할 수 없었을 것입니다.

그렇다면 확신은 어디에서 나올까요? 그것은 철저한 사실 파악에서 나옵니다. 베레스의 범죄와 카틸리나의 음모를 속속들이 파악하지 못했다면 그토록 무시무시한 기세로 탄핵을 밀어붙이진 못했을 것입니다.

그러나 확신은 사실을 파악하는 것만으로는 생기지 않습니다. 로마 공화정에 대한 신념이 없었다면 아무리 사실관계를 정확하게 파악했더라도 그렇게 매섭게 다그치지는 못했을 것입니다. 확신은 사실과 신념 중 한 측면이 아니라 두 측면 모두에서 나와야 합니다. 그래야만 기세가 강하게 살아나서 사태를 장악할 수 있습니다.

덧붙여 표현력을 말씀드리고 싶습니다. 기세가 표현되는 것은 결국 말과 글입니다. 아무리 겉모습에 힘이 있어 보여도 그가 하는 말이나 글에서 기세가 느껴지지 않는다면 영향력을 발휘하기 어렵습니다. 말 한마디 한마디에 기세가 살아 있지 않다면 '찻잔 속의 폭풍'일 뿐입니다. 키케로가 로마의 정의를 바로 세울 수 있었던 것도 그의 연설에 기세가 살아 있었기 때문입니다.

그럼, 어떻게 해야 말과 글에서 기세를 살릴 수 있을까요? 무엇보다 도입부가 강력해야 합니다. 첫마디부터 독자의 관심을 끌어당겨야 하는 것이죠. 추상적인 표현 대신 구체적이고 생생한 표현으로 상상력을 자극할 수 있어야 합니다. 그러한 표현들을 짧은 문장과 긴 문장에 담아 리듬감 있게 전달해야 합니다.

강조하고 싶은 것은 질문을 통해 몰입도를 높여나가야 한다는 점입니다. 키케로는 카틸리나 탄핵 연설에서 연속적인 질문으로 카틸리나를 코너로 몰아붙이며 청중의 이목을 집중시켰습니다. 또한 선악의 대립, 과거와 현재의 비교, 이상과 현실의 대조 등 대비 효과를 통해 강렬한 인상을 심어나갑니다. 마무리 단계에 들어가면 가장 중요한 포인트를 다시 한번 부각시키고, 즉각 행동에 나설 것을 촉구합니다.

키케로는 자신의 가슴속 감정들을 그냥 발산해버린 게 아닙니다. 오히려 감정 표현을 자제한 채 철저한 분석과 준비로 연설의 전체 구조를 쌓아 올립니다. 분노도 제때, 제자리에 표현되어야 합니다. 그래야 기세가 삽니다. 연설을 듣는 청중이 분노하도록 해야지, 연설하는 사람 혼자 분노를 터뜨려서야 되겠습니까?

**"자기가 해야 하는 일에 있어서는 박력이 있어야 한다"**

기세가 중요한 이유는 악당을 쓰러뜨리는 데만 있지 않습니다. 기세는 자신감을 높여주고, 다른 이들에게 긍정적인 에너지를 주며, 어려움을 극복할 수 있는 힘이 됩니다. 이러한 기세를 키우기 위해서는 자기 자신과 긍정적인 대화를 해야 하고, 크고 작은 성취의 경험들을 계속 쌓아나가야 합니다.

주장을 '기세 있게' 펴기 위해선 무엇보다 해당 주제에 천착(穿鑿)해야 합니다. 천착은 표면적인 정보를 긁어 모으는 것이 아닙니다. 마치 다이아몬드 광부가 암석을 뚫어 보석을 찾아내듯, 주제의 핵심에 다다를 때까지 끝까지 파고드는 자세를 말합니다.

이 천착의 과정은 결단코 쉽지 않습니다. 길고 긴 시간 동안 깊은 고민이 축적되어야 합니다. 어쩌면 기세는 빙산의 일각과 비슷할지 모릅니다. 수면 위로 드러난 웅장한 모습은 바닷속 깊이 거대한 빙산이 떠받쳐주고 있기에 가능한 것입니다. 이러한 땀과 눈물 없이 만들어진 기세는 허세나 객기일 뿐입니다. 아무리 목소리를 높여도 그 밑바탕이 얇다면 금세 한계를 드러낼 수밖에 없습니다.

저는 칼럼을 쓸 때 초고를 수없이 고치고 또 고쳤습니다. 대개는 마감 전날에 써놓고 다음 날 다시 뜯어고치고는 했습니다. 이걸 쓸까 저걸 쓸까 하는 망설임, 확신이 서지 않아 주변만 맴도는 머뭇거림, 뭔가 더 좋은 단어가 떠오를 때까지의 기다림…. 그 시간들이 모두 지나고 난 후에야 깨달았습니다. 망설임과 머뭇거림과 기다림이 곧 기세를 축적하는 시간이었음을. 기세가 일종의 에너지라면 그 에너지는 경직되거나 고정된 것이 아니라 끊임없이 흔들리고 움직이는 것임을.

어떤 사안에 대하여 기세 있는 주장을 펼치고 싶다면 스스로에게 물어보세요. 과연 나는 이 주제에 대해 얼마나 애정을 갖고 들여다봤는가? 문제점을 파악하고 해결책을 모색하기 위해 얼마나 아등바등했는가? 이 결론이 틀리지는 않을까? 이러한 물음들에 자신 있게 답할 수 없다면 다시 천착의 과정을 거쳐야 합니다.

마지막으로 '성격이 내향적이면 기세가 약하다'는 것은 틀린 말이라고 말씀드리고 싶습니다. 만화가 윤태호는 "내성적이건 어쨌건 간에 자기가 해야 하는 일에 있어서는 박력이 있어야 한다"라고 말합니다.

"후배들이 '선배님은 취재를 어떻게 하세요?' 이렇게 물어봐요. 저는 그 회사 취재가 필요하면 회사 대표전화로 물어보라고 해요. (중략) 바둑 두는 분들이 되게 조용하고 내성적인 분들이 많잖아요. 그런데 바둑은 싸움이거든요. 기본적으로 이분들은 파이터의 정서를 갖고 있어요. (중략) 아무리 내성적이라고 해도 무대에 오르는 사람들은 그걸 감수할 수 있는 박력은 있어야 되는 거죠."*

윤태호 작가가 말하는 '박력'은 곧 '기세'와 같은 말이라고 생각합니다. 오히려 내향적인 사람이 내면의 힘은 더 강할 수 있습니다. 지치지 않고 오래 밀고나갈 수 있습니다.

진정한 기세란 끝까지 고민해본 자만이 가질 수 있는 깊은 내면의 힘입니다. 키케로가 카틸리나 앞에서 "언제까지 우리 인내를 남용할 것인가?"라고 외쳤을 때, 그의 목소리 속에는 로마 공화정을 향한 잠 못 이루던 시간들이 녹아 있었을 것입니다. 이렇듯 기세는 부단한 시도와 노력 속에서 만들어집니다. 강철이 치열한 불꽃 속에서 단련되듯이.

---

* '작품을 만들 때 창작과 몰입 그리고 루틴의 중요성 | 윤태호 작가 [더 피플]', 삼프로TV, 2025.7.19.

# 헤로도토스

맥락은 방향을 알려주는
내비게이션이다

헬라스인은 아직 단검이 있으면 단검으로,
없으면 손과 이로 자신을 방어했고,
페르시아인은 날아다니는 무기로
그들을 물으며…

뉴스의 유통기간이 갈수록 짧아지고 있습니다. '뉴스의 생명은 이제 하루도 아닌 두세 시간'이라는 말이 나올 정도입니다. 오전에 뜨거웠던 뉴스가 오후엔 차가운 피자처럼 딱딱하게 식어버립니다. 디지털 시대로 접어들면서 세계적으로 가속화되고 있는 현상입니다. 현재 상황이나 시기에 딱 맞는다는 뜻의 '시의성'은 더더욱 중요해졌습니다.

저도 일선 기자를 할 때 시의성이 전부인 줄 알았습니다. 그런데 신문에 칼럼을 쓰기 시작하면서 시의성보다 중요한 개념이 머릿속에 들어왔습니다. 바로 '맥락(context)'입니다. 맥락은 어떤 일이 발생한 배경이나 전후 관계를 말하는데요, 이야기의 전체 그림이라고 할 수 있습니다. 맥락을 모르면 상황을 잘못 판단하기 쉽습니다. 영화를 중간부터 보게 되면 내용을 제대로 이해하기 어려운 것과 같습니다. 지금 어떤 상황인지, 왜 이런 일이 일어났는지 알아야 할 때 필요한 것이 바로 맥락입니다.

'어떤 맥락에서 볼 것인가?' 칼럼을 쓸 때 가장 고민된 지점이었습니다. 눈앞에 펼쳐진 팩트는 다르지 않습니다. 대한민국에서 칼럼을 쓰는 모든 사람이 팩트 앞에서는 평등합니다. 오직 어떤 맥락을 갖고 글을 쓰느냐에서 차이가 납니다.

예를 들면, 2020년 1월 중국 우한에서 발생한 신종 바이러스 소식은 처음엔 딴 나라 이야기였습니다. 많은 매체들이 '중국 폐렴 확산' 정도로 보도했고, 대부분의 사람들이 관심을 두지 않은 것은 당연했습니다. 맥락이 빠진 단편적 정보에 불과했으니까요. 하지만 두 달 후, 전 세계는 거대한 공포에 빠져들었고, 그제야 우리는 '중국 폐렴' 뉴스 뒤에 숨겨져 있던 '팬데믹'이란 맥락을 알아차릴 수 있었습니다.

그렇다면 맥락은 시의성과 어떻게 다를까요? 시의성은 '이것이 지금 어떻게 변화하고 있는가?'에 초점을 맞춥니다. 맥락은 '이것이 큰 그림에서 어떤 의미인가?'를 말해줍니다. 시의성이 지금을 파악하기 위한 현미경이라면, 맥락은 과거를 돌아보고 미래를 내다볼 수 있게 해주는 망원경입니다.

같은 말이라도 맥락에 따라 그 의미가 달라집니다. 엉뚱한 맥락에서 엉뚱하게 말하면 엉뚱한 결과를 낳고 엉뚱한 사람이 됩니다. 언어는 헷갈리는 매직큐브입니다. 맥락을 무시하면 큰코다칠 수 있습니다. 약속에 늦었는데 상대가 "괜찮아"라고 말한다고 해서 "그렇지? 한두 시간 늦는다고 죄는 아니잖아"라고 답한다면?

그와의 관계가 좋아질 수 있을까요?

맥락은 혼돈 속에서 가야 할 길을 알려주는 내비게이션입니다. 맥락을 알고 있으면 좌회전해야 할 때 우회전하거나 유턴해야 할 때 직진하지 않을 수 있습니다. 맥락을 알지 못하면 내비게이션 없이 도로에 뛰어드는 꼴입니다.

오늘날 우리는 '디지털 혁명'과 함께 유례없는 정보의 쓰나미 속에 살고 있습니다. 여기에 알고리즘이 개개인의 취향에 따라 맞춤형 정보를 보여주면서 '필터 버블의 함정'에 빠져들고 있습니다. 정보가 어떤 맥락에서 나왔고, 누가 왜 생산하고 유통하는지를 알지 못하면 유용한 정보와 노이즈(잡음)를 구분할 수 없습니다.

헤로도토스의 『역사』*는 팩트 너머에 있는 맥락을 볼 수 있는 힘을 줍니다. 자신이 살아가는 시공간이 어떤 맥락 안에 있는지 분석할 수 있는 능력을 길러줍니다. 그리하여, 좀 더 자신감 있게 살 수 있는 방법을 알려줍니다.

### 최초의 맥락화된 역사 서술, 『역사』

헤로도토스의 『역사』가 대단한 이유는 양질의 팩트가 넘쳐나

---

* 헤로도토스, 『역사』, 천병희 옮김, 도서출판 숲, 2009년

기 때문입니다. 페르시아 제국부터 이집트 문명, 소아시아 지역의 이오니아 국가들, 그리고 두 차례에 걸친 그리스-페르시아 전쟁까지 크고 작은 역사적 사실들이 파노라마처럼 펼쳐집니다.

헤로도토스(기원전 484년경~425년경)는 고대 그리스의 역사가입니다. 그는 서구에서 '역사의 아버지'로 불리는데요, 영어 'history'도 그의 책 제목(Historiai)에서 비롯되었습니다. 헤로도토스는 역사적 사실을 수집하기 위해 페르시아와 이집트까지 직접 답사 여행을 다녔다고 합니다. 자동차도, 비행기도, 구글 맵도 없던 시절에 신발과 지도만 갖고 세계를 누비고 다닌 셈입니다. 현지 학자와 신관들을 인터뷰하고, 그것도 모자라 시장에서 행인들을 붙잡고 궁금한 점을 물었다고 합니다.

그러나 어렵게 취재한 사실들을 체계 없이 펼쳐놓았다면 『역사』는 자료집에 불과했을 것입니다. 헤로도토스는 달랐습니다. 그는 맥락으로 위도와 경도를 만들었습니다. 그 위에 인과관계와 논리를 배치해 도로를 놓고 터널을 뚫었습니다. 팩트들이 그 도로와 터널을 따라 움직이게 했습니다. 그렇게 맥락을 가지고 정리한 역사 서술은 『역사』가 처음입니다.

헤로도토스가 1천 쪽\*에 달하는 방대한 내용을 꿴 맥락은 '그리스와 페르시아, 서양과 동양의 첫 만남'입니다. 그는 그리스인의 시각에 머물지 않았습니다. 페르시아인을 비롯한 이방인들의 관

---

\* 위의 책 기준

점까지 담았습니다. 단순히 '누가, 언제, 어디서, 무슨 일이 일어났는가?'를 넘어 '왜, 어떻게 일어났는가?'를 물었습니다. 앞선 사건과 이후 사건의 인과관계와 그 전개 과정을 들여다본 것입니다. 『역사』는 이렇게 시작합니다.

> 이 글은 할리카르낫소스 출신 헤로도토스가 제출하는 탐사 보고서이다. 그 목적은 인간의 행적이 시간이 지나면서 망각되고, 헬라스인과 이민족의 위대하고도 놀라운 업적이 사라지는 것을 막고, 무엇보다도 헬라스인과 이민족이 서로 전쟁을 하게 된 원인을 밝히는 데 있다.
> ─ 25쪽

우리가 주목해야 할 키워드는 '탐사 보고서', '목적', '행적', '업적', '원인'입니다. 헤로도토스는 『역사』가 헬라스인, 즉 그리스인과 이민족이 전쟁을 하게 된 맥락을 규명하기 위해 쓰인 탐사 보고서라고 말하고 있습니다. 첫 문단부터 자신이 글을 쓰게 된 취지를 선명하게 보여줍니다. 그는 이어 그리스와 페르시아 사이에 갈등이 촉발된 원인을 설명합니다.

> 페르시아 학자들에 따르면, 헬라스인과 이민족이 반목하게 된 것은 포이니케인 탓이라고 한다.
> ─ 25쪽

포이니케인(페니키아인)들이 그리스 도시국가의 공주를 납치한 것을 시작으로 그리스와 소아시아 지역 간에 여성 납치가 자주 일어났다는 것입니다. 그런데, 소아시아 지역의 트로이아 왕자 알렉산드로스(파리스)가 스파르테의 왕비 헬레네를 데려간 뒤 국가 간 분쟁으로 커집니다. 그리스인들이 헬레네를 돌려주고 보상금도 달라고 요구하자 트로이아 측이 거부한 것입니다. 이것이 트로이아 전쟁의 시작입니다.

결국 그리스인이 쳐들어가 일리온(트로이아)을 함락시킨 데서 페르시아인들의 반감이 싹트기 시작했다고『역사』는 말합니다. 길게 보면 트로이아 전쟁이 페르시아가 그리스 원정에 나서게 된 원인 중 하나라는 것입니다. '여성 납치'라는 맥락으로 사건들을 연결해 역사적 의미를 부여하고 있습니다.

이것은 어디까지나 맛보기일 뿐입니다. 헤로도토스는 본론으로 들어갑니다. "헬라스인에게 맨 처음 적대행위를 시작했음이 분명한 남자"에 대해서입니다. 뤼디아의 왕 크로이소스에 대한 이야기입니다.

## 생생한 디테일 뒤에 숨은 맥락

헤로도토스의 사실적인 디테일은 소아시아 지역에 있던 뤼디아의 왕 크로이소스의 이야기에서부터 등장합니다. 크로이소스는 '헬라스인에게 조공을 강요한 최초의 이민족'이었습니다. 그는 왕위에 오르자마자 인근 지역의 헬라스인 도시들을 공격한 뒤 우호조약을 맺습니다. 우쭐한 그의 자만심이 하늘을 찌르고 있던 그때, 한 그리스인이 뤼디아의 수도 사르데이스를 방문합니다. 이후 아테나이의 정치가로 이름을 떨치게 되는 솔론입니다.

"이 세상에서 누구보다도 행복한 사람을 만난 적이 있는가?"

크로이소스가 솔론에게 던진 질문입니다. 솔론이 '위대한' 자신의 이름을 말해주길 기대한 겁니다. 그런데 솔론의 입에서는 전혀 다른 사람의 이름이 나옵니다. 나라를 위해, 어머니를 위해 죽음을 맞은 이들입니다. 화가 난 크로이소스가 다시 묻습니다.

"그대는 내 행복을 무시하는 거요?"

솔론이 답합니다.

"전하께서 행복하게 생을 마감했다는 걸 알기 전엔 대답할 수 없습니다."

죽기 전까지는 무슨 일이 일어날지 모른다는 뜻입니다.

세월이 흘러 크로이소스는 페르시아와의 전쟁에서 패합니다. 그는 포로로 잡혀 페르시아의 왕 퀴로스 앞으로 끌려갑니다. 퀴로스는 거대한 화장용 장작더미 위에 크로이소스와 열네 명의 뤼디아 소년을 세웁니다. 그 순간을 헤로도토스는 이렇게 묘사합니다.

장작더미에 올라선 크로이소스는 절체절명의 상황에 직면해 "인간은 살아 있는 한 그 누구도 행복하지 못하다"는 솔론의 영감 어린 말이 생각났다. 이 말이 생각나자 그는 오랜 침묵을 깨고 깊게 탄식하며 "솔론!"이라는 이름을 세 번 불렀다. 이 소리를 들은 퀴로스는 대체 누구를 부르는지 통역을 시켜 물어보게 했다. (중략) 크로이소스가 대답하고 있는데, 어느새 장작더미에 불이 붙었고 가장자리는 타오르는 중이었다. 통역에게서 크로이소스가 한 말을 전해 들은 퀴로스는 자신도 한갓 인간이면서 자기 못지않게 행운을 누린 다른 인간을 산 채로 불태우려는 자신의 결정을 후회했다.    -79쪽

  퀴로스가 불을 끄라고 부하들에게 명령하지만 불길은 이미 걷잡을 수 없습니다. 그때 크로이소스가 하늘에 기도하자 폭우가 쏟아져 불이 꺼졌다고 합니다. 장작더미에 불이 붙어 타오르기 시작한 위기일발의 상황이 손에 잡힐 듯 그려집니다. 죽음 앞에서 솔론의 말을 떠올린 크로이소스, 그의 말에 자신의 운명을 돌아본 퀴로스. 두 사람의 모습이 생동감 있게 교차됩니다.

  헤로도토스의 디테일한 묘사는 나일강의 악어 사냥과 이집트인들의 미라 제작 과정, 페르시아의 1·2차 그리스 원정 등『역사』의 곳곳에서 찾아볼 수 있습니다. 하지만 그의 진짜 능력은 디테일이 디테일로 끝나지 않는 데 있습니다. 디테일과 디테일 사이에 숨어 있는 맥락을 짚어줍니다. 퀴로스의 크로이소스 화형 장면은 손에 땀을 쥐게 하는 데 그치지 않습니다. '인간의 행복은 유한하며, 행복과 불행은 순환한다'는 헤로도토스의 세계관을 보여줍니다.

## 인과관계라는 동아줄로 디테일을 묶어라

우리는 우선 맥락을 강화하는 인과관계의 기능에 주목할 필요가 있습니다. 팩트와 팩트를 인과관계로 묶으면 더욱 튼튼하게 조여집니다. 트럭 뒤에 쌓아 올린 물건들이 쏟아지지 않게끔 동아줄로 묶는 것처럼요. 인과관계의 동아줄은 독자들이 내용을 더 깊이 이해하고, 더 오래 기억할 수 있게 합니다.

인과관계의 중요성을 잘 보여주는 대목이 '이오니아 반란'입니다. 이 반란은 페르시아가 그리스 원정을 마음먹은 직접적인 계기가 됩니다.

이오니아 반란의 주모자는 이오니아 지역 밀레토스의 참주 아리스타고라스입니다. 그는 인근 지역 원정이 실패로 돌아가자 페르시아의 책임 추궁을 피하기 위해 반란을 선동합니다. 그는 스파르테의 왕 클레오메네스에게 지원을 요청했다가 거절당하자 아테나이로 달려갑니다. 그리고 온갖 약속을 뿌려댄 결과 지원 약속을 얻어내는 데 성공합니다. 이 대목을 두고 헤로도토스는 이렇게 말합니다.

"한 사람보다 여러 사람을 설득하기가 더 쉬운 것 같다."

'여러 사람'은 군중심리를 이용할 수 있지만 '한 사람'은 그러기 어렵기 때문일까요?

아리스타고라스의 요청으로 밀레토스 지원에 나선 아테나이와 에레트리아 함선들이 뤼디아의 수도를 약탈합니다. 이 소식을 들은 페르시아의 왕 다레이오스는 아테나이인이 누구냐고 물은 뒤 허공을 향해 화살을 쏘며 외칩니다.

"제우스이시여, 제가 아테나이인을 응징할 수 있게 해 주소서!" 그렇게 말하고 나서 그는 시종 가운데 한 명에게 식사 시중을 들 때마다 "전하, 아테나이인을 기억하소서!"라고 세 번씩 외치도록 명령했다고 한다.             -531쪽

페르시아는 이오니아 반란을 곧 진압합니다. 하지만 "응징하겠다"는 다레이오스의 결심은 그리스 침공으로 이어집니다. 아리스타고라스의 원정 실패가 아테나이에 대한 지원 요청과 뤼디아의 수도 약탈, 다레이오스의 보복 결심으로 이어지면서 1차 그리스 원정의 결정적 원인이 된 것입니다.

그러나 다레이오스는 마라톤 전투에서 그리스군에 패한 뒤 돌아와 숨집니다. 그의 뒤를 이어 즉위한 아들 크세르크세스는 2차 그리스 원정을 계획합니다. 그의 고종사촌 마르도니오스는 악행을 저지른 아테나이인을 응징해야 한다고 주장합니다. 하지만 그의 속셈은 그리스 지역을 다스리는 태수가 되는 것입니다.

크세르크세스는 원정을 최종 결정하기에 앞서 신하들을 모아 놓고 회의합니다. "막강한 육군과 함대를 이끌고 진격하면 누가 감히 맞서겠습니까?" 마르도니오스가 찬성 분위기를 주도합니다. 하지만 크세르크세스의 숙부 아르타바노스는 그리스인들의

용맹함을 이유로 우려를 나타냅니다.

크세르크세스는 처음에는 화가 났지만, 밤새 고민한 끝에 원정 계획을 접기로 결론 내립니다. 그런데 역사의 신이 전쟁을 원했던 걸까요? 크세르크세스의 꿈에 키 크고 잘생긴 남자가 나타나 그리스 원정을 예정대로 실행하라고 경고합니다.

페르시아가 2차 그리스 원정을 결정하는 데에는 다양한 원인이 있습니다. 종교적 차원에서는 신의 계시(꿈)가 있었고, 인간적 차원에서는 마르도니오스의 야망이 있었습니다. 정치적 차원에서는 새로운 왕으로서 업적을 만들어야 하는 크세르크세스의 필요성이 있었고, 구조적 차원에서는 페르시아 제국의 팽창 논리가 작용합니다. 이런 원인들이 얽히고설키며 역사를 만들어냅니다.

'화불단행(禍不單行).' 나쁜 일들은 겹쳐서 온다는 뜻입니다. 하지만 저는 이렇게 해석하고 싶습니다. '나쁜 일의 원인은 하나가 아니다.' 하나의 사건이 일어나려면 여러 개의 원인이 모여야 합니다. 사건의 원인이 단 하나라는 것은 거짓일 가능성이 큽니다. 특히 역사적 사건은 더더욱 그렇습니다. 그 복합적인 인과관계를 제대로 짚어내야 맥락을 알 수 있습니다.

## '그리스인의 자유를 위한 투쟁'이라는 맥락

영화 「300」으로 유명한 스파르테군의 테르모필레 전투와 아테나이 앞바다에서 벌어진 살라미스 해전. 이 두 전투는 『역사』의 하이라이트인 그리스-페르시아 2차 전쟁 때 일어난 일인데요, 디테일과 맥락의 관계를 드라마틱하게 보여주는 최고의 명장면으로 꼽힙니다.

『역사』는 테르모필레 전투에만 제7권 201장부터 233장까지를 할애합니다. 지형 조건과 양군의 전략, 병력 배치를 상세히 설명하면서 스파르테군이 페르시아군에 맞서다 무너져가는 과정을 처절하게 그리고 있습니다.

페르시아의 대군이 그리스에 상륙해 내륙으로 밀물처럼 들어옵니다. 그들 앞을 레오니다스가 이끄는 스파르테 전사 300명이 막아섭니다. 테르모필레 협곡에 버티고 선 스파르테의 방어벽 앞에 페르시아 대군은 연전연패를 합니다. 이때 등장한 자가 그리스인 에피알테스입니다. 그는 크세르크세스에게 협곡으로 통하는 산속 오솔길을 알려줍니다. 스파르테 전사들은 산에서 쏟아져 내려오는 페르시아군에 결연히 맞섭니다.

헬라스인의 창은 이제 대부분 부러졌다. 그래서 그들은 칼로 페르시아인을 도륙했다. 레오니다스는 이 혼전 중에 용전분투하다가 전사했고, (중략) 이곳에서 헬라스인은 아직 단검이 있으면 단검으로, 없으면 손과 이로 자신을 방어했고, 페르시아인은 날아다니는 무기로 그들을 묻으며, 일부는 정면에서 공격해 방벽을 허물고, 일부는 사방에서 그들을 포위했다.

－738~739쪽

창과 칼로, 단검으로, 손과 이로 마지막 순간까지 싸운 스파르테 전사들의 영웅적인 최후가 그려집니다. 레오니다스와 스파르테 전사들의 명예를 향한 열정과 희생정신이 눈부시게 빛납니다. 그들은 자신들이 이길 수 없다는 걸 알면서도 물러서지 않았습니다. 비극 그 자체입니다. 그럼에도 그들은 운명을 담담하게 받아들입니다. 여기에 같은 민족(에피알테스)의 배신으로 스파르테 병사들이 무너졌다는 사실은 비극성을 더 강화합니다.

이 장면은 단순히 군사적 패배만을 말하지 않습니다. 스파르테 전사들이 용감했다는 사실만 이야기하는 것도 아닙니다. 그런 차원을 넘어서서 '그리스인의 자유를 위한 투쟁'이란 맥락을 보여줍니다. 테르모필레의 패배가 어떻게 해서 그리스인들의 정체성과 저항 정신을 드러내는 상징적 사건이 되었는지 설명합니다.

이런 영웅성과 비극성은 전쟁 이야기를 뛰어넘어 인간의 한계와 용기, 죽음과 명예라는 보편적 주제로 나아갑니다. 더욱이 패배가 수치스러운 것이 아닐 수 있음을 보여줌으로써 '영광스러운 패배'의 전형을 서양 문학사에 남깁니다.

이번에는 살라미스 해전을 보겠습니다. 페르시아 군대가 테르모필레를 지나 쳐들어오자 아테나이 시민들은 도시를 비워두고 아테나이 앞바다에 있는 섬 살라미스로 갑니다. 그곳에서 다른 도시국가들의 연합군과 함께 결사항전에 들어갑니다. 전투를 앞두고 전개되는 논의 과정도 흥미롭습니다.

스파르테 등 펠로폰네소스 지역에서 파견된 장군들은 살라미스를 떠나 펠로폰네소스 반도 앞바다에서 해전을 벌이자고 합니다. 이에 맞서 아테나이 장군 테미스토클레스는 "좁은 살라미스 해협에서 싸워야 승산이 있다"라고 말합니다. 한발 더 나아가 스파르테에도 문제가 생길 수 있음을 지적합니다. "펠로폰네소스 앞바다에서 싸우게 되면 적을 펠로폰네소스로 끌어들여 헬라스 전체가 위험해질 수 있습니다." 결국 그리스 연합군은 살라미스 해협에서 싸우기로 합니다. 전투는 아테나이 군함이 앞으로 치고 나가 적선을 들이받으면서 시작됩니다.

> 대부분의 페르시아 함선은 살라미스에서 아테나이인이나 아이기나인에 의해 파괴되었다. 헬라스인은 질서정연하게 대열을 유지하며 해전을 벌였는데, 어느새 페르시아인은 대열이 무너진 채 작전계획도 없이 싸우고 있었으니 당연한 결과였다. (중략) 페르시아인은 대부분 헤엄을 칠 줄 몰라 바닷물에 빠져 죽었다. 가장 많은 함선이 파괴된 것은 맨 앞에 배치된 함선들이 도주할 때였다.     - 790~792쪽

헤로도토스는 그리스 함대의 질서 정연함을 페르시아 함대의 혼란상과 세밀하게 대비시키고 있습니다. 이런 디테일들이 보여주고자 하는 것은 '살라미스 해전은 그리스의 자유와 문명을 지켜낸 역사적 전환점'이란 맥락입니다.

『역사』는 아테나이인들이 그리스의 자유를 지키기 위해 자신들의 도시마저 포기하는 결단을 내렸다는 점을 부각시킵니다. 정

신적 가치를 중시한 그리스 문명의 특징을 보여줍니다. 실제로 살라미스 해전을 계기로 아테나이 민주정은 활짝 꽃피우고 그리스 문명은 황금기를 맞게 됩니다.

## 맥락을 뒷받침하는 열린 관점

이제 우리가 맥락과 함께 들여다보아야 하는 것이 '열린 관점'의 중요성입니다. 헤로도토스는 호기심이 많으면서도 신중한 사람이었던 것 같습니다. 자신이 애써서 취재한 결과를 제시하지만 '이것이 분명한 진실'이라고 단언하지는 않습니다. 잠정적인 결론을 내릴 뿐, 들은 이야기만으로 그것이 사실이라고 말하지 않습니다. 그는 자신이 취재한 내용에 대해 "나로서는 단언할 수 없다"라며 자신의 입장을 밝힙니다.

> 나는 들은 것을 전할 의무는 있지만, 들은 것을 다 믿을 의무는 없으며, 이 말은 이 책 전체에 적용된다.     -699쪽

'들은 것은 그대로 전달할 것이다. 하지만 그것을 사실이라고 말하지는 못하겠다.' 대략 이런 뜻인 듯합니다. 또한, 자신이 직접 확인한 부분은 "내가 직접 보고 판단하고 탐사한 것에 근거한다"라고 덧붙입니다. 반면 객관적으로 사실을 확인하기 어려울 때

는 여러 견해들을 제시한 뒤 "나는 이 견해를 지지한다"라고 밝힙니다.

> 생각건대, 레오니다스는 이를 생각하며 스파르테인만이 명성을 얻게 하고 싶어 동맹군을 떠나보낸 것 같다. 서로 의견이 갈리자 동맹군이 무질서하게 떠나갔다는 견해보다 나는 이 견해에 찬동하고 싶다.
>
> - 736쪽

들은 얘기들을 가지고 이야기할 땐 '이것이 진실'이라고 하기보다 '나는 이 입장'이라고 하는 편이 훨씬 솔직하고 진정성이 있습니다. 또한, 그래야 제대로 된 토론이 가능합니다.

이쪽도 "내가 아는 게 100퍼센트 사실"이라고 하고, 저쪽도 "내가 아는 게 100퍼센트 사실"이라고 한다면 토론이 성립될 수 없습니다.

이러한 열린 관점의 필요성은 사실을 넘어 맥락에 있어서도 유효합니다. 맥락은 사태를 좁은 프레임 하나로 압축해버릴 위험성이 있습니다. 상황을 판단하는 데는 맥락의 쓰임새가 크지만, 그렇다고 맥락을 너무 강하게 고집하면 부작용이 생길 수 있습니다. 열린 관점은 그 위험성을 낮춰줍니다. 그 결과, 시야는 더 넓어지고 깊어집니다.

페르시아의 왕 크세르크세스가 2차 그리스 원정에 실패한 이유도 페르시아의 압도적 군사력만 믿고 그리스의 역사적·지리적 맥락과 해전의 특성을 이해하지 못했기 때문입니다. 특히, 살라미스 해전 당시 좁은 해협에서 전투가 벌어진다는 특수한 맥락을 고려하지 않은 것이 결정적인 패착이 되고 맙니다. 넓고 깊은 시야로 맥락을 들여다보지 못한 것입니다.

'맥락을 제대로 아는가, 모르는가'는 우리의 삶을 좌우하는 결정적 변수가 되곤 합니다. 제대로 된 맥락에 따라 말하고 행동하면 그 자체로 납득할 만한 과정이 되고, 좋은 결과가 나옵니다. 맥락은 밑그림이자 기획 의도요, 가이드라인입니다.

일을 할 때도 맥락을 알고 하는 것과 모르고 하는 것은 그 결과 값이 완전히 다릅니다. 주식시장의 오르내림만 보는 게 아니라 경제의 큰 흐름을 읽어내는 투자자, 증상만 보는 게 아니라 환자의 생활습관까지 고려하는 의사, '속보' 한 줄이 아니라 사건의 배경을 알고 취재하는 기자는 남들과 다른 결과를 만들어냅니다. 직장에서의 갈등 역시 개개인의 충돌이 아니라 조직문화나 구조적 문제의 맥락에서 이해할 때 좀 더 효과적인 해결책을 찾을 수 있습니다.

이뿐만이 아닙니다. 맥락을 찾는 능력은 다양한 아이디어와 개념을 연결하여 새로운 통찰을 얻는 데도 필수적입니다. 전혀 관련이 없어 보이는 분야들 사이에 감춰진 맥락을 발견할 때 창의적 혁신이 일어납니다.

## 맥락은 확신의 순간이 아닌 의심의 순간에 발견된다

'블랙베리(BlackBerry)'. 2000년대 들어 미국을 중심으로 선풍적인 인기를 누렸던 캐나다 스마트폰입니다. 인기의 원인은 물리적 QWERTY 키보드와 이메일 푸시 알림 기능이었습니다. 유행을 타고 전 세계 스마트폰 시장의 20퍼센트(2007년 기준)를 점유하고 있었습니다. 특히, 버락 오바마(당시 미국 대통령) 등 유명 인사들이 블랙베리를 사용하면서 주가가 치솟았습니다.

그런데 2007년, 애플이 아이폰을 출시했을 때 블랙베리 경영자들은 이를 심각한 위협으로 인식하지 않았습니다. 터치 스크린과 가상 키보드를 일시적 유행으로 본 것입니다. 더욱이 기업용 시장에만 집중한 탓에 소비자 경험의 중요성이 커지고 있는 시대적 맥락을 이해하지 못했죠. 아이폰과 안드로이드가 새로운 컴퓨팅 패러다임과 앱 생태계의 시작이란 사실을 알아차리지 못했습니다. 그렇게 블랙베리는 기존의 성공 모델에 안주하다 몰락하고 말았습니다.

만약 블랙베리 경영진이 당시 상황을 다르게 봤다면 어땠을까요? 아이폰 출시 직후 터치 스크린을 눈여겨봤다면, 안드로이드 플랫폼을 채택했다면, 개방형 생태계를 수용했다면 블랙베리는 어떻게 됐을까요? 그랬다면 변화의 맥락을 잡을 수 있지 않았을까요?

블랙베리의 실패 사례는 우리 삶에도 많은 교훈을 줍니다. 환경 변화에 대한 감수성을 키우고, 변화를 적극적으로 수용하며, 새로운 트렌드에 대한 공부를 게을리하지 말아야 합니다. 그러려면 맥락을 찾기 위해 다른 생각들에 귀 기울이는 자세가 필요합니다.

맥락 찾기의 승부는 누가 더 끈질기게 달라붙느냐에서 가려집니다. "뭣이 중헌디?"를 지치지 않고 물어야 합니다. 가장 먼저 해야 할 일은 사건의 전후 관계를 명확히 파악하는 것입니다. 즉, 이번 사건이 일어나기 전에 무슨 일들이 있었는지를 따져보는 것입니다. 그러면 맥락이 조금씩 눈에 들어오기 시작합니다.

자신이 생각한 맥락이 맞는지 확신이 서지 않을 땐 어떻게 해야 할까요? 그럴 땐 생각한 맥락을 글로 써보는 것이 좋습니다. 일단 써봐야 맥락이 맞는지, 틀린지 알 수 있기 때문입니다. 판사들은 판결문을 써봐야 유죄인지, 무죄인지 알 수 있다고 합니다. 검사들도 공소장을 써봐야 기소할지, 불기소할지가 드러난다고 합니다. 칼럼도 마찬가지입니다. 글이 잘 전개된다면 '맞는 맥락'이지만, 글이 전개되지 않는다면 '틀린 맥락'일 가능성이 큽니다.

문득 생각해봅니다. 우리는 각자의 영역에서 '블랙베리'인 것은 아닐까? 내가 지금 놓치고 있는 맥락은 무엇일까? 내 일상 속 작은 변화들, 내가 '일시적 유행'이라고 치부했던 것들 가운데 진짜 중요한 흐름이 숨겨져 있는 것은 아닐까? 맥락이란 것은 강한 확신의 순간이 아니라 의심의 순간에 발견되는 것인지도 모릅니다. 관건은 열린 자세로 그걸 잡아내느냐, 닫힌 자세로 그걸 놓치느냐에 달렸습니다.

　오늘 저녁, 기사를 읽거나 SNS를 보다가 무언가 이상하다는 느낌이 든다면 잠시 멈춰보세요. '뭔가 이상한데?' 하는 직감이야말로 맥락을 찾는 출발점일 테니까요. 그리고, '왜 그런 일이 일어났을까?'를 생각해보는 겁니다. 그러할 때 감춰져 있던 맥락이 당신 눈앞에 모습을 드러낼 것입니다.

# 투키디데스

우리에겐 왜
사실이 필요한가

사실을 알아내기란 힘든 일이다.
왜냐하면 각각의 사건의 증인이
어느 한쪽을 편들거나 정확히 기억하지 못해
같은 사건을 두고 다른 말을 하기 때문이다.

기자 시절, 스트레스의 절반 이상은 '팩트 체크(fact check)'였습니다. 기사 쓸 때는 물론이고 마감을 한 다음에도 불안했습니다. 집에 돌아와서도 '틀린 부분이 있지 않을까?' 노심초사했습니다. 칼럼을 쓰기 시작하면서 증상은 더 심해졌습니다. 이름이나 직함이 잘못 나간 거 아닐까? 오탈자가 있지 않을까?

그 모든 게 팩트가 하나라도 틀리면 글 전체가 의심받을 수 있다는 두려움 때문이었습니다. 한 번, 두 번, 세 번… 보고 또 보았습니다. 그럼에도 사고는 일어났습니다.

'시신 25구를 수습하고 세월호 의인으로 불렸지만….'

2014년 세월호 선체 수색에 나섰던 김관홍 잠수사(당시 43세)의 죽음을 다룬 칼럼(중앙일보, 2016. 6. 21.)이 '오보'로 드러난 것입니다. 저는 이 칼럼에서 무리한 잠수 후유증으로 생업인 잠수 일을 접었던 김 잠수사가 의사상자 지정을 받지 못한 채 생활고 속에 생을 마감한 현실을 지적했습니다. 그런데 칼럼이 신문에 실린 날, 소설가 김탁환 씨가 메일을 보내왔습니다.

"김관홍 잠수사가 25명을 수습했다는 부분은 현실과 맞지 않습니다. 김 잠수사는 4월 23일 맹골수도로 내려갔고 심정지가 와서 쓰러진 후 5월엔 잠수하지 않고 바지선에서 잠수사들을 지원하며 보냈습니다. (중략) 25라는 숫자가 혹시 고인의 정의로움에 흠집이 되지는 않을까 하여 적습니다."

구차한 변명을 하자면 '25구'는 김관홍 잠수사의 죽음을 알린 기사들에 실린 내용이었습니다. 그래서 한 번 더 확인해볼 필요성을 느끼지 못했습니다. 더욱 당혹스러운 것은 '숫자가 과장되면 고인의 정의로움에 흠집이 될 수 있다'는 김탁환 씨의 지적이었습니다. 그가 이야기한 '고인의 정의로움'을 곱씹어보게 되었습니다.

저는 8월 9일자 칼럼에 '바로잡습니다'라는 제목과 함께 이렇게 썼습니다. "부끄럽게도 나는 '25구'에 주목했다. 생각의 저울에 그의 정의로움은 올려놓지 않았다. 그럼에도 나는 미화하지도, 과장하지도 않은 진실을 추구한 김관홍·김탁환과 동시대에 살았고, 살고 있다는 사실이 자랑스럽고 고맙다."

그날 이후, 저는 '팩트'라는 것을 다시 보게 되었습니다. 우리는 팩트를 영구불변한 것으로 여기지만, 실은 임시적인 것일 때가 많습니다. 진실을 향해 밟고 가야 할 디딤돌인 팩트가 맞는지 끝까지 두드려보아야 합니다. 우리에게 그런 의지가 없다면 너무나 많은 것들이 쉽게 무너져 내릴 수 있습니다.

고대 그리스의 역사가 투키디데스\*가 쓴 『펠로폰네소스 전쟁사』\*\*를 함께 보겠습니다. 이 작품은 사실이 왜 중요하고, 사실을 어떻게 확인해야 하는지를 우리에게 친절히 알려줍니다. 현대에 태어났다면 뛰어난 저널리스트가 되었을 투키디데스를 만나봅시다.

## 투키디데스가 펠로폰네소스 전쟁을 주목한 이유

투키디데스(기원전 약 460년~약 400년)는 고대 그리스의 역사가이자 아테나이의 정치가입니다. 그는 펠로폰네소스\*\*\* 전쟁이 한창이던 기원전 424년 아테나이의 장군으로 선출되어 트라케 지역으로 파견됩니다. 트라케의 거점 도시인 암피폴리스 수비 책임을 맡지만 스파르테군에 도시를 빼앗깁니다. 그는 그 책임을 지고 20년간 아테나이에서 추방당합니다. 이 기간에 그가 쓴 책이 바로 『펠로폰네소스 전쟁사』입니다.

---

\* 『펠로폰네소스 전쟁사』(도서출판 숲)에서는 '투퀴디데스'라고 표기하고 있으나, 이 글에서는 국립국어원 인명 표기에 따라 '투키디데스'로 적는다.

\*\* 투퀴디데스, 『펠로폰네소스 전쟁사』, 천병희 옮김, 도서출판 숲, 2011년

\*\*\* 펠로폰네소스는 스파르테가 있는 펠로폰네소스 반도를 가리킨다. 스파르테는 펠로폰네소스 동맹을 이끈 지역 내 선도국가였다.

펠로폰네소스 전쟁은 기원전 431년부터 기원전 404년까지 27년간 아테나이와 스파르테 간에 벌어진 전쟁입니다. 고대 그리스의 양대 강대국이었던 두 도시국가는 앙숙일 수밖에 없었습니다. 정치체제부터 달랐습니다. 아테나이는 민주정, 스파르테는 전제정이었지요.

전쟁의 양상을 크게 보면 1차 전쟁→휴전→2차 전쟁으로 전개되었습니다. 1차 전쟁은 스파르테가 아테나이를 공격하면서 승기를 잡는 듯했지만 전세가 역전되면서 아테나이의 승리로 끝납니다. 아테나이가 필로스 전투에서 스파르테의 귀족 장병들을 포로로 잡으면서였습니다. 스파르테가 굴욕적인 휴전 조약을 받아들임으로써 두 나라는 '니키아스 평화'에 들어갑니다.

휴전은 50년간 지속될 예정이었지만 양국 간의 불신과 불안정한 정세 속에서 6년 만에 막을 내립니다. 특히, 아테나이가 시켈리아 원정에 나섰다 실패하면서 전세는 반전됩니다. 결국 기원전 404년 스파르테가 페르시아의 지원을 받아 아테나이를 굴복시킵니다. 아테나이는 도시의 방어벽과 해군력을 잃으면서 재기 불능 상태에 빠지고 맙니다. 아테나이의 민주주의는 막을 내리고, 찬란했던 그리스 문명도 역사의 석양 속으로 가라앉습니다.

이 전쟁은 투키디데스에게 일생일대의 과제였습니다. 그는 『펠로폰네소스 전쟁사』의 서두에서 "전쟁이 터지자마자 이 전쟁이 과거의 어떤 전쟁보다 기록해둘 가치가 있는 큰 전쟁이 되리라 믿고 기록하기 시작했다"라고 합니다. 이어 역사를 기록하는 태도를 제시합니다. 호메로스(그리스-트로이아 전쟁)와 헤로도토스(그리스-페르시아 전쟁)를 겨냥한 것일까요? 그는 과거의 역사 기술 방식을 비판합니다.

> 대부분의 사람들은 진리를 규명하고자 노력하지 않고, 전해오는 이야기라면 무엇이든 받아들인다. 그렇지만 여기 제시된 증거에 따라 내가 기술한 대로 과거사를 판단하는 사람은 실수하지 않을 것이다. 그는 분명 주제가 무엇이든 찬양하려 드는 시인의 시구나, 사실을 이야기하기보다는 청중의 주목을 끄는 데 더 관심이 많은 산문 작가의 기록에 방해받지 않을 것이다. 그들이 다루는 주제는 증명의 영역 밖에 있으며, 세월이 흘러 대체로 사료로서의 신뢰성을 상실하여 신화의 영역에 속한다.
> ─ 44쪽

증명되지 않은 '신화의 영역'에 머물러 있던 선배 역사가들의 문제점을 짚으면서 자신은 그런 잘못을 저지르지 않겠다는 이야기입니다. '선배들과 다르게 나는 확실한 증거들을 가지고 제대로 기록해보겠다!'는 씩씩한 기상이 느껴집니다.

### 투키디데스가 사실을 대하는 원칙

이렇게 '사실'의 깃발을 높이 치켜든 투키디데스는 자신이 역사를 기록하는 원칙을 제시합니다. 첫째, 주요 인물들이 발언한 연설에 관해서는 "실제 발언의 전체적인 의미를 되도록 훼손하지 않으려 했다"라고 합니다. 둘째, 전쟁 중에 실제로 일어난 사건에 관해선 "우연히 주위들은 대로 또는 내 의견에 따라 기술하지 않고, 내가 직접 체험한 것이든 남에게 들은 것이든 최대한 엄밀히 검토한 다음 기술하는 것을 원칙으로 삼았다"라고 설명합니다. 제가 잠시 호흡을 멈춘 것은 투키디데스의 그다음 문장이었습니다.

> 그래도 사실을 알아내기란 힘든 일이다. 왜냐하면 각각의 사건의 증인이 어느 한쪽을 편들거나 또는 정확히 기억하지 못해 같은 사건을 두고 다른 말을 하기 때문이다. 내가 기술한 역사에는 설화(說話)가 없어서 듣기에는 재미가 없을 것이다. 그러나 과거사에 관해 그리고 인간의 본성에 따라 언젠가는 비슷한 형태로 반복될 미래사에 관해 명확한 진실을 알고 싶어 하는 사람은 내 역사 기술을 유용하게 여길 것이며, 나는 그것으로 만족한다. ㅡ44~45쪽

투키디데스는 '최선을 다했으니 내가 기록한 사실을 믿으라'고 하지 않습니다. 자신은 사실대로 기록하기 위해 노력했지만, "그래도 사실을 알아내기"엔 한계가 있다고 말합니다. 증인들이 이해관계에 얽혀서, 혹은 기억 자체가 왜곡되어서 사실과 다른 말을 하기 때문입니다. 또한 설화 같은 자극적인 이야기는 기대하

지 말라고 합니다. 이 얼마나 사실 앞에 정직한 자세입니까?

'투키디데스의 팩트 선언'은 참으로 소중하게 다가옵니다. 요즘 많은 사람들이 '그래도 사실을 알아내기란 힘든 일'이라는 것을 인정하지 않습니다. 말을 하거나 글을 쓰고 있는 자신은 '모든 사실을 보고 들어서' 알고 있다고 합니다. 자기가 아는 사실에 한계가 있다고 고백하는 이는 드뭅니다. '여기까지는 확인한 사실이지만 그다음 부분은 제대로 확인하지 못했다'고 말하는 사람을 찾기 힘든 현실입니다.

문제는 듣거나 읽는 사람들에게도 있습니다. 그들 자신이 '사실'이라고 믿고 싶은 것만 믿습니다. 자기가 듣고 싶은 말을 하거나 읽고 싶은 내용이 쓰여 있으면 '묻지도, 따지지도 않고' 믿어버립니다. 그들이 착하고 순수하기 때문이 아닙니다. 자신이 원하는 '사실'만 받아들이기로 작정했기 때문입니다. 가짜 뉴스는 그런 수요자들이 있기에 끊임없이 공급되는 것입니다.

## 사실은 단면이 아니라 총체여야 한다

펠로폰네소스 전쟁의 발단은 그리스 서쪽의 도시국가(케르퀴라)와 그 종주국(코린토스)의 분쟁이었습니다. 이 갈등이 확대되다가 양대 강대국의 전면전으로 치닫게 됩니다. 하지만 투키디데스가 볼 때 이건 어디까지나 표면에 드러난 사실일 뿐입니다. 그가 말하는 전쟁 원인은 이렇습니다.

> 아테나이의 국력이 누가 보아도 절정에 이르고 아테나이인들이 자신들의 동맹국들 권리를 침해하기 시작하자, 라케다이몬인들은 마침내 더는 참을 수가 없어 이번에는 전쟁을 일으켜서라도 있는 힘을 다해 공격하되 가능하면 아테나이의 세력을 말살하기로 작정했다. -114쪽

'그리스-페르시아 전쟁 이후 아테나이의 팽창이 라케다이몬인들, 즉 스파르테에 위기감을 갖게 했고, 두 나라의 잠재적 갈등이 전쟁으로 폭발했다'는 것입니다. 투키디데스는 왜 이렇듯 전쟁의 배경까지 설명하는 것일까요? 그냥 표면에 나타난 사실만 갖고 이야기하면 되는 것 아닐까요?

그 이유는 '팩트는 단면이 아니라 총체여야 하기 때문'입니다. 겉으로 드러난 사실만으로는 팩트라고 할 수 없습니다. 그 배경까지 전체적으로 보아야만 스파르테가 왜 그토록 아테나이를 무너뜨리려 했는지, 왜 두 나라의 전쟁이 격렬할 수밖에 없었는지 이해할 수 있습니다.

우리는 상황을 되도록 빠르고 쉽게 파악하려고 합니다. 원인도 복잡한 것보다 단순한 것을 선호합니다. 그리고 그것이 사실이라고 믿어버립니다. 하지만 진짜 상황, 진짜 원인은 그리 단순하지 않습니다. 아니, 단순할 수가 없습니다. '눈에 보이진 않지만 깊숙이 숨어 있는 진짜 원인까지 파헤치자.' 이것이 투키디데스가 팩

트에 접근한 방식입니다.

팩트를 대하는 방식은 오히려 퇴보를 하고 있는 듯합니다. 언론 매체들은 눈앞에 보여지는 것만 보여주는 데 급급합니다. 정치인들의 공방, 집회의 구호, 사회적 갈등의 현상들만 전달할 뿐, 그 아래에 있는 원인은 보여주지 않습니다. 속보 경쟁에 몰리고, 클릭 수에 목숨을 겁니다. 복잡한 진실보다 단순한 대립 구도를 좋아합니다. 어쩌면 상황을 총체적으로 분석할 실력이 없기 때문인지도 모릅니다. 만약 투키디데스가 현재의 상황을 본다면 뭐라고 말할지 궁금합니다.

## 사실의 두 기둥: 객관적 관찰과 냉철한 분석

투키디데스의 역사 기록 방법을 보여주는 대표적인 예가 전쟁 초기 아테나이를 위기에 빠뜨렸던 역병(疫病)을 기록한 대목입니다. 그는 역병의 확산 과정을 시간 순서에 따라 최대한 충실하게 다루고 있습니다. 역병이 전쟁에 큰 영향을 미쳤기 때문이기도 하지만 "역병이 재발할 경우 확실히 알아볼 수 있도록 하기 위해서"입니다.

처음에는 무슨 병인지 몰라 의사들이 제대로 치료를 할 수 없었다. 환자들과 접촉이 잦으니 실제로 의사들이 가장 많이 죽었다. 인간의 그

> 밖의 기술도 전혀 소용이 없었다. 신전에 가서 탄원을 해도, 신탁에 물어도, 그 밖에 그와 비슷한 행위를 해도 소용없기는 매일반이었다. 마침내 사람들은 불행에 압도되어 그런 노력마저 그만두기에 이르렀다.
>
> — 176쪽

하지만 우리의 투키디데스는 불행에 압도되지 않았습니다. 취재하고 기록하려는 노력을 계속했습니다. 가족과 친구들이 죽어가고, 그 자신도 역병을 앓았음에도 그의 펜은 멈추지 않았습니다. 면밀한 관찰과 기록으로 역병의 정체를 설명합니다.

투키디데스의 기록을 읽으면 역병의 증상을 마치 HD 화질로 보는 듯합니다. 최초의 증상은 "머리에 고열이 나고 눈이 빨갛게 충혈되며 입안에서는 목구멍과 혀에서 피가 나기 시작하고, 내쉬는 숨이 부자연스럽고 악취가 났다"고 합니다. 재채기, 쉰 목소리, 가슴 통증, 심한 기침, 복통, 구토…. 단계별 증상이 의사의 진료 차트처럼 세밀하게 정리되어 있습니다.

역병이 심해지면 살갗에도 불그스레하게 피멍이 들고, 작은 농포와 종기가 돋아납니다. 몸속은 타는 듯 뜨거워서 옷을 홀랑 벗고 싶어 합니다. '식힐 수 없는 갈증에 시달리다 찬물에 뛰어드는 게 가장 큰 소원'입니다. 투키디데스가 전하는 마지막 증상은 이러합니다.

> 게다가 환자들은 계속해서 불면증에 시달려 쉴 수가 없었다. 병세가 최

고조에 이른 기간에도 몸은 쇠약해지기는커녕 모든 고통에 대해 놀랄 정도의 저항력을 갖고 있어, 대부분의 환자가 몸속의 체열 때문에 숨을 거두는 아흐레 또는 이레째 되는 날에도 여전히 힘이 남아 있었다. 그러나 환자들이 이 기간을 넘기면, 역병이 배로 내려가 심한 궤양과 걷잡을 수 없는 설사를 유발해서 대부분 그 때문에 쇠약해져 죽었다.

- 178쪽

투키디데스는 역병 확산에 따른 사회적 영향도 놓치지 않습니다. 역병 전염의 가장 비참한 양상은 감염된 후 '절망감에 사로잡히는 것'과 서로 간호하다가 교차 감염되어 '양 떼처럼 죽어가는 것'입니다. 그 여파로 사회가 붕괴 직전까지 가는데, 그는 당시의 실태를 전율이 일 정도로 구체적으로 그려내고 있습니다.

농촌에서 도시로 유입된 이들은 집이 없어 오두막에 살다가 죽어가고, 신전은 거처 없는 사람들의 시신으로 가득 찹니다. "자신이 어떻게 될지 알 수 없는 처지인지라 사람들이 종교나 법률의 규범 따위에는 무관심해졌기 때문"입니다. 아테나이는 윤리의식도, 염치도 없는 무법천지가 되고 맙니다.

운세가 돌변하여 부자들이 갑자기 죽고 전에는 무일푼이던 자들이 그들의 재산을 물려받는 것을 보고 이제 사람들은 전에는 은폐하곤 하던 쾌락에 공공연하게 탐닉하였다. 그래서 사람들은 목숨도 재물도 덧없는 것으로 보고 가진 돈을 향락에 재빨리 써버리는 것이 옳다고 여겼다. 목표를 이루기도 전에 죽을지도 모르는 판국에 고상해 보이는 목표를 위해 사서 고생을 하려는 사람은 아무도 없었다. ─180쪽

투키디데스는 역병의 원인을 찾아내지 못하던 시대에 추측이나 미신을 배제한 채 최대한 과학적인 관찰을 통해 증상을 기록합니다. 개개인들의 행동부터 사회적 대응, 정신적·종교적 규범의 붕괴까지 냉철하게 분석한 그의 글을 읽으면 당시 사회상이 한눈에 들어옵니다. 고대 그리스 땅에서 일어났던 역병이 지금 우리에게 와닿는 이유는 놀랍도록 치밀한 생생함에 있습니다.

## 투키디데스를 사실에 몰두하게 한 두 개의 경험

우리는 한 가지 의문에 부딪히게 됩니다. 투키디데스는 왜 그토록 '사실'에 매달린 걸까요? 왜 집착에 가까울 정도로 사실을 확인하고 또 확인하려 했을까요? 그것은 그가 전쟁 과정에서 직접 겪거나 보았던 현실의 경험 때문입니다. 대표적으로 두 개의 경험을 꼽을 수 있습니다.

첫 번째 경험은 케르퀴라(코르키라)의 내전입니다. 그리스 서부 해안의 섬에 있던 도시국가 케르퀴라는 아테나이의 동맹국으로 펠로폰네소스 전쟁의 원인이 된 곳입니다. 본래 코린토스의 식민지로 건설되었으나, 독립적인 세력으로 성장해 종주국인 코린토

스와 갈등 관계에 들어갑니다. 그런데 펠로폰네소스 전쟁의 와중에서 코린토스에 포로로 잡혀 있던 250명가량이 케르퀴라로 귀환하면서 문제가 생깁니다.

이 포로 출신들을 주축으로 한 과두정파(스파르테 지지)와 다수를 점하고 있던 민주정파(아테나이 지지) 사이에 격렬한 내전이 발발한 것입니다. 내전은 과두정파가 민주정파 지도자들을 살해하며 시작됩니다. 그러나 아테나이의 함대가 도착하자 이번엔 민주정파가 과두정파를 무자비하게 학살합니다.

정치적 처형은 단순한 살인으로 타락하고, 개인적 원한을 이유로 죽고 죽입니다. 투키디데스는 "아버지가 아들을 죽이기도 했고, 신전에서 끌려나와 신전 옆에서 살해되는 사람들도 있었다"라고 전합니다. 이 케르퀴라 내전은 이후 그리스 전체에서 같은 도시국가의 시민들끼리 서로 죽고 죽이는, 참혹한 비극의 시발점이 됩니다.

> 전쟁은 난폭한 교사(教師)이며, 사람의 마음을 대체로 그들이 처한 환경과 같은 수준으로 떨어뜨린다.　　　　　　　　　　　　　　-287쪽

투키디데스가 남긴 한마디가 섬뜩하게 다가옵니다. 전쟁이 인간의 심성을 나락으로 떨어뜨려 그 사회를 한 편의 지옥도로 전락시킨다는 것을 이야기하고 있습니다. 더 심각한 문제는 인간이 사실을 인식하고, 이해하고, 표현하는 도구인 언어까지 변질된다

는 점입니다.

> 사람들은 행위를 평가하는 데 통상적으로 쓰던 말의 뜻을 임의로 바꾸었다. 그래서 만용은 충성심으로 간주되고, 신중함은 비겁한 자의 핑계가 되었다. 절제는 남자답지 못함의 다른 말이 되고, 문제를 포괄적으로 이해하는 것은 무엇 하나 실행할 능력이 없음을 뜻하게 되었다. 충동적인 열의는 남자다움의 징표가 되고, 등 뒤에서 적에게 음모를 꾸미는 것은 정당방위가 되었다. -287쪽

이렇게 언어까지 타락하면서 사실은 더욱더 심각하게 왜곡되고 변형됩니다. 제대로 된 의사소통은 단절되고, 사회적 신뢰는 무너집니다. 그 결과, "공개적인 전투보다 배신을 통해" 복수하고, "공공의 이익을 전리품으로" 여기며, "수치스러운 행위를 미사여구로 정당화할 수 있는 자들의 명망"이 높아집니다. 냉기마저 느껴지는 투키디데스의 묘사는 사실이 사실대로 전달되지 않는 상황을 그가 얼마나 혐오했는지 보여줍니다. 사실을 전하는 수단인 언어가 제 기능을 못할 때 얼마나 끔찍한 사태가 벌어지는지 말해줍니다.

두 번째 경험은 아테나이의 패망을 불러온 시켈리아 원정의 결정 과정입니다. 시켈리아가 아테나이의 정치 현안으로 떠오른 것은 시켈리아의 한 도시국가(세게스타)가 '스파르테와 가까운 시켈리아의 도시국가 시라쿠사이가 압박을 가해오고 있다'며 지원을

요청하면서입니다.

이 구조 신호는 아테나이의 팽창 욕구를 부풀어오르게 합니다. 시켈리아의 실제 상황과 현지 동맹국들의 신뢰성, 전쟁에 필요한 자원 확보 방법…. 아테나이는 원정에 필요한 기초적인 사실 파악도 하지 않은 채 근거 없는 낙관론으로 원정을 결정합니다.

구체적인 결정 과정을 보면 악순환의 연속입니다. 장군으로 임명된 세 명 중 연장자인 니키아스는 '원정 반대' 쪽에, 젊은 알키비아데스는 '원정 찬성' 쪽에 섭니다. 민회에서 니키아스는 "시켈리아처럼 인구가 많고 멀리 떨어져 있는 섬은 설령 정복한다 해도 지배하기가 어렵다"라고 주장합니다.

그러나 알키비아데스가 "우리가 시켈리아로 항해하는 것을 보면 펠로폰네소스인들은 콧대가 꺾일 것"이라며 대중을 선동합니다. 여론이 원정 쪽으로 기울자 니키아스가 다시 연설에 나섭니다. 이번엔 "원정을 하려면 대규모 병력이 필요하다"라는 논리를 제시합니다. 투키디데스의 해설은 이렇습니다.

니키아스가 그렇게 말한 것은, 엄청난 규모의 무장이 필요하다고 주장함으로써 아테나이인들이 원정을 포기하게 하거나, 그가 꼭 출정해야 하는 경우 이렇듯 가장 안전하게 출항하고 싶었기 때문이다. 그러나 아테나이인들은 준비 과정이 힘들다고 해서 원정에 대한 열정이 식기는커녕 원정에 더 열을 올렸으니, 그의 연설은 역효과를 내고 말았다. (중략) 이렇듯 다수가 원정에 열을 올리자, 원정에 반대하는 소수는 반대표를 던지다가는 비(非)애국적인 인사로 낙인찍힐까 두려워 함구무언했다.                  −512~513쪽

투키디데스는 시켈리아 원정 같은 중대한 사안이 지도부의 즉흥적인 판단과 군중심리에 좌우되었음을 지적합니다. 그는 원정의 실패가 단순히 잘못된 작전이나 전투력 때문이 아니라 기본적인 사실 확인부터 뒤틀려 있었기 때문이라고 말합니다. 이러한 '사실의 실패'는 원정 내내 계속되다가 어이없는 궤멸로 이어집니다. 시켈리아에 간 원정군들은 원정이 실패했음을 인정한 후에도 철군하지 않습니다. 총사령관인 니키아스는 아테나이의 재가 없이는 돌아갈 수 없다고 말합니다. 그가 제시한 이유는 다음과 같습니다.

시켈리아에 와 있는 군사들의 상당수는, 아니 대부분은 이게 무슨 고생이냐고 아우성을 치고 있지만, 일단 아테나이로 돌아가면 그와는 정반대로 장군들이 뇌물을 받아먹고는 자기들을 배신하고 철수시켰다고 나팔을 불어댈 것이라고 했다. 그래서 그로서는 아테나이인들의 성격을 잘 아는 만큼 부당하게 불명예스러운 죄를 뒤집어쓰고 아테나이인들에 의해 처형당하느니 꼭 그래야 한다면 용전분투하다가 적군의 손에 죽고 싶다고 했다.           −618쪽

니키아스의 뜻대로 된 걸까요? 잇단 패전 끝에 그를 비롯한 대

부분이 시켈리아에서 처절한 죽음을 맞습니다. 투키디데스는 사실의 무게를 가볍게 여기는 아테나이의 의사결정 구조를 비판하는 동시에 여론을 설득할 엄두를 내지 못하는 리더십의 부실을 문제 삼습니다. 그는 이런 경험들을 겪으며 사실을 있는 그대로 바라보고 전달하지 않을 때 얼마나 참혹한 결과를 빚는지 절감했던 것입니다.

## 개인에게도 사실은 성장의 필수 조건이다

사실이 중요한 것은 비단 투키디데스가 살았던 시대만의 일이 아닙니다. 현대에 들어와 과학기술이 발전하고 상상력이 강조되면서 사실의 가치가 떨어졌다고 말하는 이들도 적지 않습니다. 그 증거가 '대안적 진실(Alternative Facts)'이니, '탈진실(Post Truth)'이니 하는 것들입니다. 팩트 체크는 AI에 맡기면 된다는 목소리도 나오고 있습니다.

그러나 사실은 여전히 중요합니다. 아테나이의 시켈리아 원정에서 보듯 부정확한 정보에 기반한 의사결정은 파괴적인 결과를 불러옵니다. 기업이든, 국가든 중요한 결정을 할 때는 정확한 사실을 바탕으로 해야 합니다. 잘못된 시장 분석이나 부정확한 통계 데이터 같은 잘못된 팩트들은 치명적인 경영 실패나 정책 오류로 이어집니다.

개인적 차원에서도 사실을 정확히 아는 것은 성장의 필수 조건입니다. 반드시 알아야 할 사실들을 잘못 알고 있을 때 크든 작든 일을 그르치게 됩니다. 자신이 어떤 위치에 있고, 자신의 장점과 단점이 무엇인지 모르고 있다면 점점 이상한 길로 빠져들 수밖에 없습니다. 성공한 사람들의 공통점은 현실을 직시하는 능력이 있다는 것입니다.

세계 최대의 헤지펀드 브리지워터 어소시에이츠의 창업자 레이 달리오는 '급진적(radical) 투명성'과 '급진적 진실', '진실을 통한 진화'를 강조합니다. 그는 1982년 멕시코 부채 위기 때 시장 상황을 잘못 판단했다가 회사를 파산으로 몰고 갈 뻔했습니다. 이후 그는 '믿음이 아닌 사실에 집중하라'는 원칙을 세웠습니다. 모든 투자 결정을 객관적 데이터에 근거해 하도록 했고, 임직원들이 서로 솔직한 피드백을 주고받도록 하는 내부 문화를 정착시켰습니다.

현실을 직시하기 위해선 머릿속의 희망 회로에 기대서는 안 됩니다. 객관적 사실에 '급진적'이어야 합니다. 자신의 실수와 한계를 솔직하게 받아들이고, 현실이 달라지면 그 변화를 주저하지 말고 인정해야 합니다. 다른 사람들의 비판에도 귀를 열어야 합니다. 기분 나쁘고 싫더라도 그래야만 '나의 시켈리아 원정'을 피할 수 있습니다.

특히, 기존에 가지고 있던 자신의 인식과 반대되는 정보를 접했을 때 생기는 심리적 불편함인 '인지부조화'를 잘 관리할 필요가 있습니다. 그런 때일수록 올바른 사실을 알기 위해 눈을 크게 떠야 합니다. 그러지 않고 자기기만이나 자기합리화에 빠진다면 정신의 성장판은 닫히게 됩니다. 포도가 너무 높은 곳에 달려 있다고 "저 포도는 어차피 신 포도일 거야"라고 말하는 이솝우화의 여우처럼요.

## 시련이 낳은 '불편한 진실을 바라보는 용기'

마지막으로 질문 하나를 드리려고 합니다. 신화가 지배하던 고대 그리스 시대에 투키디데스는 어떻게 혁신적인 사실주의 역사관을 발전시킬 수 있었을까요?

가장 큰 원인은 당시 아테나이가 민주주의의 실험장이었다는 데 있습니다. 아테나이의 민주주의가 성숙하면서 토론과 논증을 중시하는 문화가 자연스럽게 형성됐습니다. 민회에서는 정치적 의사결정을 위해 논리와 사실적 근거를 가지고 토론을 벌였습니다. 이러한 사회 환경은 투키디데스가 신화적 역사관에서 벗어나 실증적 접근을 하게 한 밑바탕이 되었습니다.

여기에 한 가지 더 중요한 것이 있습니다. 바로 투키디데스의 개인적 경험입니다. 그는 아테나이의 장군으로서 전쟁의 실체적 진실에 대한 심층적인 접근이 가능했습니다. 또, 20년간 추방 생활을 하면서 아테나이와 스파르테 양측의 관점을 객관적으로 관찰할 수 있는 독특한 위치에 서 있게 됩니다. 기나긴 추방 생활은 그가 열린 마음으로 현실을 바라보고, 정치적 수사 너머의 실제 동기를 파악하는 데 도움이 되었을 것입니다.

그 지점에서 투키디데스는 『사기』를 쓴 중국의 사마천과 비슷한 부분이 있습니다. 사마천은 한무제 때 적군에 항복한 장군을 변호했다가 황제의 미움을 받아 가장 치욕적인 형벌인 거세형을 당합니다. 하지만 그는 생을 포기하지 않고 끝끝내 살아남아 중국 최고의 역사서인 『사기』를 씁니다.

투키디데스와 사마천 모두 엄청난 시련을 뚫고 나왔다는 공통점이 있습니다. 특히, 권력의 중심에 있다 소외된 경험은 그들이 제3자적 관점과 보다 넓은 시야, 비판 정신을 기를 수 있는 토대가 되지 않았을까요?

'제3자적 관점'. 사실 확인에서 반드시 잊지 말아야 할 키워드입니다. 이 제3자적 관점을 통해 투키디데스는 스스로의 편향성을 극복하고자 노력하면서 객관적 사실을 추구해나갔습니다. 또한 자신이 직접 목격한 사건과 전해 들은 사건을 명확히 구분하고, 후자(간접 증언)에 대해서는 철저하게 교차 검증을 했습니다. 그의 태도는 1차 자료와 2차 자료의 구분, 정보 출처의 투명성 확보 등 오늘날 팩트 체크의 원칙과 동일한 것입니다. 그러한 사실 검증의 노력은 '가짜 뉴스의 시대'를 살아가는 우리에게 시민으로서 기본 의무가 되어가고 있습니다.

아테나이의 도전과 패배, 몰락을 기록하며 사랑하는 조국의 실패를 집요하게 응시했던 투키디데스처럼, 우리도 불편한 진실 앞에서 눈을 돌리지 않는 용기가 필요합니다. 자신의 믿음과 충돌하는 사실조차 받아들일 수 있는 정직함, 사실 확인에 대한 사회적 책임감, 그리고 자기 의견도 상대화할 수 있는 유연함이 그가 우리에게 남긴 진정한 유산입니다.

# 아리스토파네스

다른 세상을 꿈꾸게 하는
비판적 상상력

순대 만들듯, 모든 업무를 한데 섞어 저으시오.
그리고 민중의 환심을 사기 위해
그럴듯한 감언이설로 잊지 말고
조미료를 치시오.

"새해에는 쓸데없는 자리에 많이 좀 가세요."

한 지인이 신년 운세를 보러 운명철학원에 갔다가 이런 얘기를 들었다고 합니다. 지인은 '쓸데 있는 자리를 잘못 말한 거 아닌가?' 하고 고개를 갸우뚱거렸다고 하는데요, 그러자 철학원 원장이 "쓸데없는 자리는 잘 안 가는 성격인 거 같은데 앞으로는 자주 가시라"라고 했다는 것입니다. 그 이유인즉 "쓸데없는 자리에 가야 정보가 생기고, 사람이 생기고, 기회가 생기기 때문"이라고 합니다.

지인의 이야기를 전해 들은 저는 속으로 뜨끔했습니다. 저 역시 '쓸데없는 자리'는 잘 안 가는 타입입니다. 낯을 가리는 성격 탓에 많은 사람이 모이는 모임은 가급적 피하게 됩니다. 그런 자리에 안 가는 게 몸도 편하고 마음도 편합니다.

하지만 철학원 원장 말씀을 곰곰이 되새겨보니 '쓸데없는 자리'라고 피하는 게 과연 옳을까, 하는 의문이 들었습니다. '쓸데 있는 자리'와 '쓸데없는 자리'를 어떻게 구분할 수 있을까? 당장 이익이 되는 자리가 쓸데 있는 자리인 걸까? 이익이 되지 않는, 쓸데없는 자리라고 피하는 건 옳은 태도일까? 등등으로 생각이 뻗어나갔습니다.

어릴 때부터 '쓸데없는' 시리즈를 자주 들었던 것 같습니다. "쓸데없는 짓 하지 마라." "쓸데없는 생각 하지 마라." "쓸데없이 나대지 마라." 이 말들에는 근면하고 성실하게 일분 일초를 아껴서 주어진 공부와 주어진 일을 해야 '쓸모 있는 사람'이 된다는 전제가 깔려 있습니다. 이런 말들에 익숙해지다 보니 내 눈앞에 그어진 '쓸모'의 금 밖으로 나가는 것이 위험하게 느껴졌습니다.

기자가 되면서 '쓸데없는' 것을 솎아내는 경향은 더 강해졌습니다. 기사 마감에 쫓기는 생활 속에서 '쓸데없는 일'을 최소화해야 한다는 강박이 더해진 것입니다. 그래서 "기삿거리가 돼? 안 돼?"를 입에 달고 살면서 '기삿거리가 안 되는 일'에는 소중한 에너지를 낭비하고 싶지 않았습니다.

한국 사회의 전반적인 분위기가 '다르게 생각하고 다르게 사는' 삶의 방식에 대해 색안경을 쓰고 봅니다. 누가 조금만 튀는 행동을 해도 조건반사적으로 '쓸데없는 짓'이라고 눈살을 찌푸립니다. '쓸데없는 일', '쓸데없는 생각'을 경계하는 습관이 우리가 자유롭게 움직일 수 있는 가동 범위를 위축시켜온 것은 아닐까요?

'쓸데없는 생각'이야말로 때로는 가장 필요한 생각일 수 있습니다. 지금 당장은 쓸데없어 보이지만 앞으로는 쓸데가 많은 생각일 수 있습니다. 쓸데없는 생각을 제대로 하기 위해 필요한 것은 상상력입니다. 그냥 일반적인 상상력이 아닙니다. 비판적 상상력이 필요합니다.

비판적 상상력은 현실에 대한 비판적 인식을 바탕으로 현재와 다른 세상을 꿈꾸는 능력입니다. "지금 우리가 살아가는 방법을 어떻게 바꿀 수 있을까?"를 물으며 대안을 그려보는 사고방식입니다. 이 비판적 상상력이 빈약하다면 우리의 미래는 어두울 수밖에 없습니다. 그럼, 어떻게 해야 비판적 상상력을 기를 수 있을까요? 이 물음이 제가 고대 그리스의 희극 작가 아리스토파네스를 떠올린 이유입니다.

아리스토파네스의 희극들은 고대 그리스의 문학 작품들 가운데 가장 빼어난 상상력을 보여줍니다. 현실 사회의 문제점을 비판하면서 '이렇게 다른 세상도 가능하다'는 것을 눈앞에 펼쳐줍니다. 그가 꿈꾼 세상은 과연 어떤 모습이었을까요?

## 그의 상상력은 사회에 대한 분노에서 나왔다

아리스토파네스는 기원전 448년경 아테나이에서 태어나 380년경 세상을 떠난 것으로 추정됩니다. 그가 왕성하게 활동한 시기는 27년간 이어진 펠로폰네소스 전쟁(기원전 431년~404년)

기간과 정확히 겹칩니다. 그의 작품들에도 전쟁의 어두운 그림자가 드리워져 있을 수밖에 없습니다.

아리스토파네스의 희극은 그리스, 특히 아테나이의 현실을 비판하고 풍자했습니다. 그의 비판 대상은 정치부터 경제, 문화, 예술까지 분야를 가리지 않았습니다. 같은 시대를 살았던 철학자 소크라테스도 그의 풍자를 비켜가지 못했습니다. 아테나이의 관객들은 그의 연극을 보며 웃음을 터뜨리다가 자신들이 처해 있는 문제 상황과 마주해야 했습니다.

비판과 웃음은 사실 잘 어울려 보이진 않습니다. 하지만 비판이 웃음과 어우러지면 그 파장은 훨씬 크고 깊어집니다. 아리스토파네스는 아테나이의 현실을 '풍자와 해학'이라는 필터에 통과시켜 사람들을 웃음 짓게 했습니다.\*

그런데, 이 풍자와 해학이란 것이 마음만 먹는다고 되는 게 아닙니다. 현실을 잘 알아야 하고, 분명한 문제의식이 있어야 합니다. 특히, 현실을 뜀틀 삼아 높이 뛰어오를 수 있는 비판적 상상력이 필요합니다. 이 상상력이 있느냐, 없느냐가 풍자와 해학에 도달할 수 있는지 여부를 결정합니다.

아리스토파네스의 상상력은 과연 어디에서 나온 것일까요? 『그리스인 이야기』를 쓴 앙드레 보나르는 "아리스토파네스 희극

---

\* 풍자는 현실을 비꼬거나 조롱하는 등 날카롭게 지적하는 것을 말하고, 해학은 현실을 보다 부드럽고 따뜻하게 웃음으로 풀어내는 것을 말한다.

의 밑바닥엔 분노가 흐르고 있었다"라고 말합니다.

> 아리스토파네스의 풍자극이 찬란하게 개화할 수 있었던 데에는 시인의 가슴 한가운데 자리 잡고서 그의 가슴에 방망이질을 하고 가슴을 뜨겁게 불태우는 분노, 민주주의 제도가 쇠퇴하는 데 대한 분노, 공적·사적 차원에서 두루 감지되는 문란한 풍속에 대한 분노도 한몫 했음을 덧붙여야 한다. 그 모습 그대로의 아테나이, 점차 와해되어가는 그 사회를 거부하는 그의 분노심이야말로 과거로부터 이어받은 가면 전통에 새로운 감칠맛을 부여하는 수액인 것이다. ─363쪽*

무슨 뜻일까요? 아리스토파네스가 희극을 쓴 것은 현실을 고발하기 위해서였다는 것입니다. 고발은 스스로의 존재를 적(敵)에게 노출시키는 위험한 일입니다. 부조리한 현실에 대해 끓어오르는 분노 없이는 할 수 없는 일입니다.

아리스토파네스는 무엇에 분노했을까요? "와해되어가는 아테나이 사회"입니다. 그는 특히 대중의 비위를 맞추면서 사리사욕을 채우는 정치인들의 부패가 민주주의를 망치고 있는 데 분노했습니다. 그들의 실체를 폭로함으로써 시민들이 각성하기를 바랐습니다. 그런 그의 생각을 보여주는 작품이 희극 「기사」**입니다.

---

\* 앙드레 보나르, 『그리스인 이야기 2』, 양영란 옮김, 책과함께, 2011년
\*\* 아리스토파네스, 『아리스토파네스 희극 전집 1』, 천병희 옮김, 도서출판 숲, 2010년

「기사」는 정치인들의 기회주의와 이기심, 위선을 통렬하게 비판하면서 아테나이 민주정의 한계와 문제점을 보여줍니다. 아테나이의 타락한 정치 지도자들, 특히 클레온이란 실존 인물을 직접적으로 공격합니다. 클레온은 아리스토파네스가 활동하던 기원전 5세기 아테나이의 영향력 있는 정치인이었습니다. 그는 평민 출신 정치인으로 대중을 선동하는 연설로 유명했습니다.

### 아테나이 민주정에 대한 고발장 「기사」

「기사」는 데모스 집안의 하인인 데모스테네스와 니키아스가 파플라고니아 출신 무두장이(가죽 가공업자)에게 괴롭힘을 당하는 장면으로 시작됩니다. 등장인물 중 '귀머거리 노인 데모스(demos)'는 민중을 의미합니다. 데모스테네스와 니키아스는 펠로폰네소스 전쟁 때의 장군들 이름이고요. 파플라고니아 출신 무두장이는 선동 정치가 클레온을 가리킵니다. 무대의 막이 오르면 하인 데모스테네스가 신세 한탄을 하다가 주인 데모스가 무두장이를 데려온 과정을 이야기합니다.

지난달 초하룻날 그는 노예 한 명을 샀는데, 그 노예는 파플라고니아 출신 무두장이로 둘도 없는 불량배에다 모략을 일삼는 악당이라오. 이 파플라고니아 출신 무두장이는 노인의 성격을 속속들이 파악하고는 주인의 발밑에 엎드려 아양을 떨고, 아첨하고, 아부하고, 쓰지도 못할 가죽 조각들로 인심을 쓰며 이렇게 말하곤 한다오. "데모스님, 한 번에 한 가지 일만 처리하시면 돼요. 그러고 나서 목욕을 하시고, 잡숫고, 마시고, 후식을 드세요. 그리고 3오볼로스의 일당을 받아가세요."

- 107쪽

파플라고니아 출신 무두장이, 즉 클레온이 데모스(민중)의 환심을 사기 위해 얼마나 그들의 비위를 맞추고 있는지 보여줍니다. 3오볼로스(당시 아테나이의 화폐 단위)의 일당을 받아가라는 말은 클레온이 배심원 일당을 2오볼로스에서 3오볼로스로 올린 것을 꼬집고 있습니다.

그뿐만이 아닙니다. 데모스테네스에 따르면, 문제의 파플라고니아인은 "하인들을 주인에게서 떼어놓고 다른 사람은 아무도 시중들지 못하게" 합니다. "가죽 파리채로 정치가들을 모두 쫓아버리고, 급기야 주인이 멍청하다는 것을 알게 되자 집안 사람들조차 근거 없이 무고해 매질 당하게" 합니다. 심지어 노예들 사이로 순찰을 돌며 요구하고, 약탈하고, 뇌물을 거두어들이는데, 그의 말을 듣지 않으면 "노인에게 마구 짓밟혀 장(腸)이 파열되고 만다"는 겁니다.

불쌍한 하인들은 이 위기에서 어떻게 탈출할 수 있을까요? 하늘이 무너져도 솟아날 구멍은 있습니다. 하인들은 파플라고니아인이 잠자는 동안 그가 갖고 있던 신탁을 훔쳐서 읽어봅니다. 역시 비밀이 숨어 있습니다. "파플라고니아인을 내쫓을 자는 순대장수야."

거리를 지나가는 순대장수를 데려온 하인 데모스테네스는 그를 "축복받은 아테나이를 이끌 우두머리"라고 떠받듭니다. "당신은 저들 모두의 우두머리가 될 것"이라며 "당신은 의회를 짓밟고, 장군들을 면직하고, 족쇄를 채울 것"이라고 찬사를 보냅니다. 순대장수가 자신이 어떻게 민중을 다스릴 수 있다는 건지 도무지 이해가 안 간다고 하자 데모스테네스는 "땅 짚고 헤엄치기"라고 합니다.

> 순대 만들듯, 모든 업무를 한데 섞어 저으시오. 그리고 민중의 환심을 사기 위해 그럴듯한 감언이설로 잊지 말고 조미료를 치시오. 당신은 민중선동가의 다른 자질은 다 갖추었소. 목소리는 걸걸하고, 집안은 미천한 장돌뱅이니까.　　　　　　　　　　　　　　　　　　　　－116쪽

낌새를 챈 걸까요? 파플라고니아인이 등장합니다. 순대장수가 겁이 나서 달아나다 데모스테네스의 응원에 힘입어 그에게 맞서기 시작합니다. 가관인 것은 파플라고니아인과 순대장수가 입씨름을 하는 광경입니다. 파플라고니아인이 순대장수를 비난합니다. "이 자는 펠로폰네소스의 삼단노선들에 순대라는 밧줄을 수출한다." 순대장수는 파플라고니아인의 부패를 지적합니다. "텅 빈 배로 시청에 뛰어들어 갔다가 가득 찬 배로 나온다."

두 사람 사이에 쉴 새 없는 윽박지름이 오고 갑니다. "당장 죽을 줄 알아!" "난 당신보다 세 배나 더 크게 소리 지를 거요." "난 내 고함소리로 너를 압도할 테다." "네가 장군이 되면 내가 근거 없는 말로 헐뜯을 테다." "난 당신 등짝을 복날 개 패듯 할 거요."

유치하기 짝이 없습니다. 두 사람은 싸움닭처럼 싸우기 위해 의회로 달려갑니다. 승리는 순대장수의 차지입니다. 그가 이길 수 있었던 것은 올바르기 때문이 아닙니다. "못된 짓에서, 교활한 간계에서, 감언이설에서 한 수 위"였기 때문입니다.

두 사람은 다시 주인 데모스 앞에서 싸웁니다. 이번엔 데모스의 마음을 얻기 위한 아부 경쟁입니다. 그런데 데모스도 정상이 아닙니다. 순대장수가 자신에게 "궁둥이가 쓸려 아프지 않게" 방석을 바치자 흡족해합니다. "자네의 이런 행동은 고상하며 친(親)민중적이야!" 무대 뒤에 있는 코로스(합창대)는 이렇게 노래합니다.

> 데모스여, 그대의 권력은 실로 막강하며, 그대를 참주(僭主)인 양 다들 두려워한다오. 하지만 그대는 쉬이 오도(誤導)되고, 아부와 기만의 제물이 되기를 좋아해요. 그리고 웅변가가 연설하면 입을 벌린 채 넋 놓고 듣곤 한다오.
> — 162~163쪽

그간 파플라고니아인의 횡포가 계속될 수 있었던 데는 데모스의 책임이 크다는 사실을 말하고 있습니다. 아리스토파네스는 이처럼 은유와 상징으로 아테나이의 정치 현실을 고발합니다. 그의 눈에 비친 아테나이 정치인들은 무엇이 국가를 위해 좋은지 고민하지 않습니다. '군중이 좋아하는 것은 무엇이든 할 수 있다.' 아리스토파네스는 정치인들의 그릇된 사고방식을 끝까지 밀어붙여서 보여줍니다.

아리스토파네스는 아테나이 민주정의 부정적 특징들을 구체적으로 포착합니다. 실제 인물과 사건을 상징적 캐릭터로 바꿔서 과장되게 표현하지만, 모두 실제로 일어난 일에서 찾아낸 특징들입니다. 이러한 구체성은 비판의 설득력을 높이고 현실을 냉철하게 바라볼 수 있도록 합니다.


### '부의 신'이 눈을 뜨면 경제 정의가 바로 설 수 있다

아리스토파네스는 아테나이의 경제에 대해선 어떻게 생각했을까요? 희극 「부(富)의 신」\*은 그가 당시의 경제 시스템을 어떻게 봤는지 말해줍니다. 이 희극의 주인공은 '부의 신' 플루토입니다. 그런데 그를 무대로 불러낸 또 한 명의 주인공이 있습니다. 아테나이의 늙은 농부 크레밀로스입니다.

'부의 신'이 우리 앞에 모습을 드러낸 것은 크레밀로스의 문제

---

\* 아리스토파네스, 『아리스토파네스 희극 전집 2』, 천병희 옮김, 도서출판 숲, 2010년

의식 때문입니다. "나는 신을 두려워하는 정직한 사람이지만 늘 가난했고 성공하지 못했어." 그는 나쁜 사람들이 오히려 부자가 되는 현실에 분개합니다. 그가 아는 부자들은 "신전 절도범, 정치가, 밀고자, 그 밖에 다른 악당들"뿐입니다. 그는 델포이의 아폴론 신전으로 신탁을 받으러 갑니다. 이는 자기 자신을 위해서가 아닙니다.

> 내 비참한 인생은 이미 끝난 거나 다름없고 내 기운은 소진됐으니까. 내가 찾아간 까닭은 하나뿐인 내 외아들을 위해서였어. 그 애가 사는 법을 바꿔 악당이나 불의한 자나 쓸모 없는 인간이 되어야 하는 게 아닌지 알아보려고. 그래야만 인생에서 성공한다는 것이 내 생각이었으니까.
> 
> ─344쪽

악당이나 불의한 자가 되어야 성공하는 것인지를 신에게 물어서 만약 그렇다고 한다면 아들이 사는 법을 바꿔보겠다는 것입니다. 자식 대에서는 반드시 가난의 대물림을 끊고 말겠다는 의지가 느껴집니다. 그런데 그토록 기대했던 신탁이 좀 엉뚱합니다. "신전에서 나가다가 맨 처음 만나는 사람이 누구건 함께 집으로 가자고 설득하라"는 것입니다.

크레밀로스가 처음 마주친 사람은 시각장애인입니다. 크레밀로스가 "당신은 누구냐?"라고 캐묻자 그는 자신을 "부의 신"이라고 소개합니다. 그가 시각장애인이 된 과정도 충격적입니다. 자신이 "정직하고 현명하고 점잖은 사람들의 집만 방문하기로" 서약하자 제우스가 "착한 사람들에 대한 악의에서" 자신을 장님으로 만들었다는 겁니다.

크레뮐로스는 "시력을 회복한다면 앞으로는 정직한 사람들에게 갈 것이냐?"라고 묻습니다. '부의 신'이 그러겠다고 하자 크레뮐로스는 "당신의 병을 고쳐 시력을 회복하게 해주겠다"라고 말합니다. 하지만 '부의 신'은 손사래를 칩니다. "제우스가 이 일을 알면 틀림없이 나를 괴롭히실 거야." 크레뮐로스는 '부의 신'이 얼마나 막강한 힘을 지녔는지 이야기합니다. 사람들이 제우스에게 제물을 바치는 것도, 삼단노선에 선원을 채우는 것도, 코린토스의 용병부대를 먹여 살리는 것도 모두 부의 신 덕분이라고 말합니다.

> 만사가 당신 때문이 아닌가요? 당신이, 당신만이 좋은 일이든 궂은 일이든 만사의 원인이오. (중략) 일찍이 당신에게 물린 사람은 아무도 없어요. 사람들은 다른 것에는 다 물리게 마련이오. ─ 352~353쪽

그 누구도 싫증 내지 않는 자신의 힘을 깨달은 '부의 신'은 시력을 되찾기로 결심합니다. 그런데 이때 무섭게 생긴 '쭈그렁 할멈'이 등장합니다. 그녀의 이름은 '가난'입니다. '가난'은 크레뮐로스에게 고함을 지릅니다. "나를 내쫓는 것은 인간들에게 엄청난 해악이 될 것이다!" '가난'은 그 이유를 이렇게 설명합니다.

부의 신이 시력을 회복하여 자신을 똑같이 분배한다면, 세상에 예술과 기술에 종사할 사람은 아무도 없을 거야. 그리고 예술과 기술이 너희 사이에서 사라지면, 도대체 누가 대장장이나, 조선공이나, 재단사나, 바퀴 제작공이나, 제화공이나, 벽돌공이나, 세탁공이나, 무두장이가 되려 하겠느냐? 또 누가 쟁기로 땅을 갈아 데오의 열매를 거두려 하겠느냐? 너희가 그런 일을 하지 않고도 놀고먹을 수 있다면 말이다.

- 370쪽

무슨 뜻일까요? 다들 가난해서 어쩔 수 없이 생업에 종사한다는 것입니다. '가난이 있기 때문에 사람들이 근면하고 성실하게 사는 거다. 그래야 사회가 돌아간다.' 어디에서 많이 들어본 레퍼토리 아닌가요. 아리스토파네스는 하루 벌어 하루 먹고 사는 이들을 지배하는 이데올로기를 비판하고 있습니다. 아리스토파네스와 묻고 답할 수만 있다면 그가 어떻게 이런 기발한 착상을 할 수 있었는지 물어보고 싶습니다.

### 낯설게 보면 현실과 다른 세상이 보인다

내가 없다면 네 인생은 지금보다 훨씬 더 고단해질 것이라는 '가난'의 말에 크레뮐로스는 코웃음을 칩니다.

당신이 대체 무슨 혜택을 베풀 수 있단 말이오, 공중목욕탕에서 화상을 입고, 어린애들과 노파들이 배고파 울어대는 것 말고? 나는 셀 수도 없이 많은 이와 모기와 벼룩 이야기는 하지 않겠소. 그것들은 우리 머리 주위를 진저리나게 맴돌며 "당신, 굶어 죽지 않으려거든 일어나요!"라고 경고하며 우리를 잠에서 깨우지요. ㅤㅤㅤㅤㅤ-371쪽

크레뮐로스의 반박은 가난이 주는 혜택도 있다는 주장이 얼마나 가증스러운 말장난인지 보여줍니다. 정의롭지 않은 경제 시스템에 대한 분노가 생생하게 느껴집니다. '가난'은 적반하장입니다. "너희의 모든 복이 가난 덕분이라는 것을 계속해서 부인하다니!" 크레뮐로스는 '가난'에게 호통을 칩니다. "이곳을 떠나 지옥으로나 꺼져요, 어서!"

마침내 '부의 신'이 시력을 되찾고 크레뮐로스도 부자가 됩니다. 한 '정직한 남자'가 찾아와 '부의 신'에게 고마워합니다. 몰락해서 고통스럽게 생활하고 있었는데, 다시 부유해졌다는 것입니다. 반면, 아무 일도 하지 않으면서 부자로 살았던 '밀고자'는 갑자기 재수에 옴이 붙으면서 쫄딱 망했다고 합니다. 크레뮐로스의 하인 카리온은 즐거움에 들떠 노래합니다.

우리 집에는 복이 무더기로 굴러들어왔어요, 우린 부정축재라고는 전혀 하지 않았는데도. 우리 뒤주는 하얀 보리로 가득 차 있고, 우리 항아리들은 검붉고 향기로운 포도주로 가득 차 있어요. 우리 궤짝들은 모

두 금과 은으로 가득 차 있어요, 믿기지 않을 만큼.  －384쪽

착한 사람이 잘사는 시대가 드디어 열린 것입니다. '부정축재라고는 전혀 하지 않았는데도 부자가 되었다'는 역설 아닌 역설이 우리를 씁쓸하게 합니다. 아리스토파네스가 집요하게 파고든 것은 부의 불공정한 분배입니다.

"왜 정직하고 착한 자는 가난하고, 불의하고 부도덕한 자는 부자로 사는가?"

크레밀로스의 항변은 지금도 유효합니다. 생업의 현장에서 최선을 다하면서 착하게 살려고 애쓰는 시민들이 경제적으로 고통받는 현실은 과연 얼마나 달라졌을까요? 앞으로는 달라질 수 있을까요?

구조적 모순을 날카롭게 짚어내는 아리스토파네스의 혜안이 놀랍습니다. 그는 아테나이의 다양한 공공장소에서 시민들을 관찰하고, 그들의 생활을 주의 깊게 지켜보았을 것입니다. 그렇게 열심히 취재하고 인터뷰한 결과가 「부의 신」 아닐까요?

아리스토파네스는 충실하게 수집한 사실들을 비판적 상상력으로 재구성합니다. 재구성의 원칙은 익숙한 현실을 낯선 상황으로 바꾸어놓는 것입니다. 불공정한 경제 시스템에 갇혀 있는 것은 어제오늘의 일이 아닙니다. 만약 다큐멘터리 방식으로 현실을 그대로 옮겨왔다면 감흥이 크지 않을 수도 있습니다. "또 비슷한 얘기를 하는구나", "별다른 대안도 없으면서…" 같은 반응이 나올

수도 있습니다.

그런데 '부의 신'이 등장하고, '가난'이 찬조 출연하고, 개성 있는 조연들이 속마음을 거침없이 드러내면서 전혀 다른 상황으로 다가옵니다. 하나도 다를 것 없는 일상을 새로운 관점에서 바라볼 수 있게 하는 시각의 전환이 일어납니다. 여기에 '부의 신'이 시력을 되찾으며 경제적 불공정이 시정되는 '대안적 상황'까지 구현됩니다. 현실 비판의 울타리를 넘어 시스템 개혁의 가능성을 떠올려보는 것입니다.

### 의식을 깨우는 상상력은 어디에서 비롯되는가?

아리스토파네스의 작품은 그저 그런 유흥이나 오락의 대상이 아닙니다. 그의 상상력은 현실을 투명하게 비추는 거울입니다. 다른 세상을 꿈꾸게 하는 창문입니다. '부의 신'이 눈을 뜨면 세상이 바뀌듯이, 의식이 깨어나면 우리의 현실도 바꿀 수 있음을 보여주지요.

그처럼 의식을 각성시키는 상상력은 진공 속에서 피어나지 않습니다. 가만히 앉아 있는데 불현듯 한 줄기 영감이 스치거나 무엇인가가 단번에 우리를 상상의 세계로 데려다주는 경우는 많지 않습니다. 그렇게 아무 노력이나 대가 없이 생기는 생각을 우리는 '상상'이라고 하지 않습니다. '잡념'이라고 부릅니다. 뭔가를 골똘하게 고민하다가 잠들었는데, 아침에 깨면 기가 막힌 아이디어가 떠오르는 걸 경험한 적이 있을 겁니다. 그것이 바로 상상입니다.

특히, 현실을 넘어서는 비판적 상상력은 무엇이 잘못됐는지, 문제의 원인이 무엇인지, 어떻게 바꿔야 하는지를 묻고 또 물을 때 생깁니다. 비판적 상상력을 키우기 위해서는 의식적인 노력과 꾸준한 실천이 필요합니다. 자신의 일이나 전공과 관련 없는 책을 읽고, 다양한 시각에서 제작된 다큐멘터리를 보며, 서로 다른 입장을 가진 이들과 대화를 나눠보고, 현실을 뒤집어서 생각해보아야 합니다.

핵심은 '다르게 보기'입니다. '현재의 시스템은 당연한 것'이란 고정관념을 버리고, '지금과 다른 세계도 가능하다'는 믿음으로 대안을 떠올려보는 것입니다.

비판적 상상력의 전통은 현대에 들어와서도 면면히 이어지고 있습니다. 미국 정치를 다룬 드라마 「하우스 오브 카드」는 권력을 위해서라면 무슨 일이든 서슴지 않는 정치인들의 추악한 모습을 그립니다. 조지 오웰이 쓴 소설 『동물농장』의 주인공 돼지 나폴레옹은 「기사」의 주인공 파플라고니아인을 연상시킵니다. 「기사」와 「부의 신」에 담긴 아리스토파네스의 통찰력은 앞으로도 인간의 암울한 현실을 바꿔나가는 힘이 될 것입니다.

'이대로가 최선인가?'

이 물음은 우리 인간이 대지에 두 다리로 섰을 때부터 가졌던 것인지도 모릅니다. 이대로가 최선이라고 생각하지 않았기에 위험을 무릅쓰고 첫 발걸음을 내디딜 수 있었습니다. 자신이 살아보지 않은 대륙에 가기 위해 목숨을 건 모험에 나설 수 있었습니다. 수천 년간 군주의 통치를 받다가 '국민의, 국민에 의한, 국민을 위한 정부'(에이브러햄 링컨)를 세울 수 있었습니다.

그리고 지금도 우리는 묻습니다. '이대로가 최선인가?'

아리스토파네스가 고대의 아테나이 시민들에게 던진 이 질문의 답은 지금 우리의 손안에 있습니다. 상상하고, 그 상상을 행동에 옮기는 자만이 현실을 바꿀 수 있습니다.

### 아리스토파네스와의 인터뷰

Q. 글을 마치기 전에 잠시 아리스토파네스 씨와 인터뷰를 해보겠습니다. 안녕하세요. 요즘 어떻게 지내십니까?

A. 좀 허탈합니다. 2천 년이 지났는데도 별로 달라진 게 없네요. 여전히 노블레스 오블리주를 실천하는 부자는 별로 보이지 않아요. 정치인들도 변하지 않았고요. 오히려 더 악화된 것 같기도 합니다.

Q. 흔히 상상을 가볍게 여기곤 합니다. 그런데 당신 작품을 읽으면 상상이 꼭 가벼운 건 아니라는 생각이 듭니다. 어떻게 생각하십니까?

A. 아마 내 작품들이 현실을 다뤘기 때문일 겁니다. 현실이 빠진 상상은 망상일 뿐입니다. 현실을 제대로 보려고 노력해야 제대로 된 상상이 나올 수 있습니다.

Q. 좀 더 쉽게 설명해주실 수 있을까요?

A. 인간은 현실과의 접점 없이는 상상할 수 없는 존재입니다. 현실에 대한 분노와 문제의식 없이 어떻게 다른 세상을 꿈꿀 수 있겠습니까? 현실에 만족한다면 현실과 다른 세상을 상상할 필요도, 이유도 없지 않을까요?

Q. '아리스토파네스의 웃음은 분노에서 나왔다'는 지적에 동의하십니까?

A. (미소를 지으며) 누군지 잘 짚어냈다고 생각합니다. 상상력의 핵심은 현실에 대한 진정성입니다. 웃음은 수단일 뿐입니다. 사람들이 한참 웃다가 '아, 이건 진짜 문제네!'라고 생각을 하게 만들어야 합니다. 웃음 뒤에 숨은 분노. 그것이 제 작업의 원동력입니다.

Q. 당신의 작품 중 「뤼시스트라테」는 스파르테와 전쟁 중인 아테나이의 여성들이 평화 협정을 요구하며 성(性) 파업을 벌이는 내용인데요, 성 파업을 상상한 것도 그렇지만 여성들이 "전쟁은 여자들 소관"이라고 선언한 대목은 당시의 남성 우위 문화에서 건드리기 힘든 금기를 깬 것 아닌가요?

A. 아시겠지만 제가 살던 고대 그리스는 남자, 그것도 노예가 아닌 남자들만 시민으로 대우받던 시대입니다. 당시 스파르

테와 전쟁(펠로폰네소스 전쟁)이 한창이었는데, 곰곰이 생각해보니 전쟁을 일으킨 사람도, 전쟁을 지휘한 사람도, 전쟁터에 나간 사람도 하나같이 남자이더군요. 그래서 여성들에게 마이크를 넘기면 어떻게 될까 상상해본 겁니다. 전쟁은 여성들에게도 심각한 고통을 주는 문제니까요.

Q. 그런 작품을 발표하는 게 주저되지는 않았나요?

A. '오로지 작품으로만 평가받겠다'는 각오로 썼습니다. 제가 '모두 까기'를 하니까 불편하게 여기는 분들이 많았던 게 사실입니다. "자기는 얼마나 잘났길래…" 하는 뒷말들이 들려왔고, 가족과 친구들도 너무 위험하지 않겠느냐고 만류했죠. 하지만 작가가 그 정도 비판도 하지 못한다면 문학을 하는 게 무슨 의미가 있겠습니까? 그러느니 차라리 펜을 꺾는 게 낫지요.

Q. 마지막으로 당신처럼 비판적 상상력을 갖고 싶은 이들에게 한말씀 해주신다면?

A. 무엇보다 현실의 문제에 예민해져야 합니다. 예를 들면, 신문 기사를 읽거나 뉴스를 보다가 '아, 저런 건 좀 바뀌어야 하는데…' 하는 생각이 스치면 그 자리에서 바로 메모를 해두는 겁니다. 그다음엔 뉴스에 비친 현상 밑바탕에 어떤 문제점들이 있는지 생각해보는 거죠. 그런 다음 현실과 다른 세상, 내 문제의식의 연장선에 있는 세상을 꿈꿔보세요. 그 세상을 낚아채면 됩니다. 그 '낚아챈 세상'을 근거와 논리

로 하나하나 짜나가면 됩니다. (잠시 말을 멈춘 뒤) 그러면 됩니다.

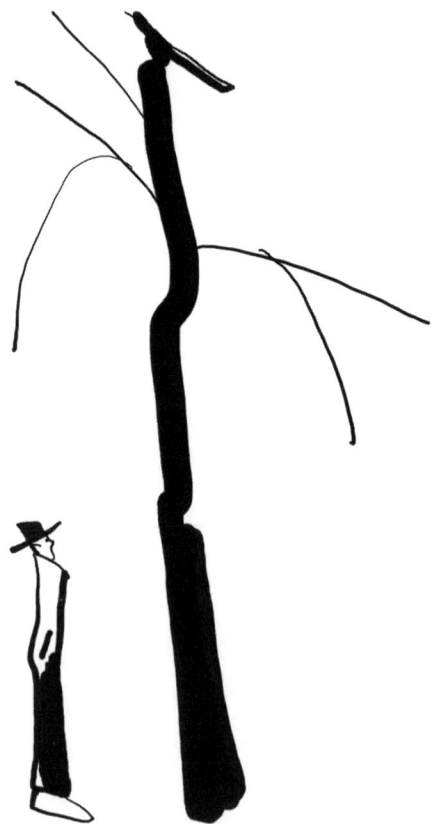

최선의 철학
고대 철학가 12인에게 배우는 인생 기술

초판 1쇄 발행 2025년 10월 14일

지은이 • 권석천
펴낸이 • 황혜숙
편집 • 최유연 황유라
조판 • 하은혜
펴낸곳 • ㈜창비교육
등록 • 2014년 6월 20일 제2014-000183호
주소 • 04004 서울특별시 마포구 월드컵로12길 7
전화 • 1833-7247
팩스 • 영업 070-4838-4938 | 편집 02-6949-0953
홈페이지 • www.changbiedu.com
전자우편 • contents@changbi.com

ⓒ 권석천 2025
ISBN 979-11-6570-364-6 03100

* 이 책 내용의 전부 또는 일부를 재사용하려면
  반드시 저작권자와 ㈜창비교육 양측의 동의를 받아야 합니다.
* 책값은 뒤표지에 표시되어 있습니다.